Gandhi

rowohlts monographien
begründet von Kurt Kusenberg
herausgegeben von Wolfgang Müller
und Uwe Naumann

Gandhi

Dargestellt von Susmita Arp

Rowohlt Taschenbuch Verlag

Umschlagvorderseite: Gandhi während eines Gebetstreffens, 1944
Umschlagrückseite: Gandhi um 1906
Gandhis Raum in Sevagram

Seite 3: Gandhi in Sevagram, einem zentralindischen Dorf,
in dem er seit Mitte 1936 lebte

Originalausgabe
Veröffentlicht im Rowohlt Taschenbuch Verlag,
Reinbek bei Hamburg, April 2007
Copyright © 2007 by Rowohlt Verlag GmbH,
Reinbek bei Hamburg
Dieser Band ersetzt die 1970 erschienene
Gandhi-Monographie von Heimo Rau
Umschlaggestaltung any.way, Wiebke Jakobs,
nach einem Entwurf von Ivar Bläsi
Redaktionsassistenz Katrin Finkemeier
Reihentypographie Daniel Sauthoff
Layout Gabriele Boekholt
Satz PE Proforma *und* Foundry Sans *PostScript,*
InDesign CS2 4.0.2
Gesamtherstellung Clausen & Bosse, Leck
Printed in Germany
ISBN 978 3 499 50662 8

INHALT

Gandhi und der Mahatma	7
Die alte Zeit: eine Kindheit in Kathiawar	11
Der hungernde Gentleman: Studentenjahre in London	21
Ein loyaler Untertan: als Anwalt in Südafrika	30
Satyagraha: eine «unvergleichliche Waffe» überrascht den Gegner	46
Unterwegs im politischen Niemandsland: Gandhis Aufstieg in Indien	59
Keine Herrschaft ohne Beherrschte: die Nichtzusammenarbeitskampagne	72
Ringen mit radikalen Fragen: Gandhis Kampf abseits der politischen Bühne	84
Salz in den Wunden des Empire: die Kampagne des bürgerlichen Ungehorsams	96
Das Herz der Nation schlägt auf dem Dorf: Rückzug nach Wardha	111
«Quit India!»: die Kampagnen während des Zweiten Weltkriegs	119
«Eine einsame Stimme in der Wildnis» verstummt	127
Anmerkungen	143
Zeittafel	146
Zeugnisse	149
Bibliographie	152
Namenregister	154
Über die Autorin	156
Quellennachweis der Abbildungen	157

Indische Schulkinder putzen eine Gandhi-Statue anlässlich des 2. Oktober. Der Geburtstag des Mahatma ist ein offizieller Feiertag.

Gandhi und der Mahatma

Künftige Generationen werden es vielleicht kaum glauben können, dass einer wie er jemals in Fleisch und Blut auf dieser Erde gewandelt ist»[1], sagte Albert Einstein über ihn. Und das US-Magazin «Time» präsentierte Gandhi Ende 1999 auf Platz zwei seiner bedeutendsten Personen des 20. Jahrhunderts, gleichauf mit Franklin D. Roosevelt – und nur noch übertroffen von Albert Einstein. Mohandas Karamchand Gandhi, den seine Verehrer Mahatma, «Große Seele», nannten, war einer der führenden Figuren des indischen Unabhängigkeitskampfes und ein überzeugter Verfechter der Gewaltlosigkeit. Mit seinen einfallsreichen Kampagnen versetzte er die britischen Kolonialherren in Ratlosigkeit und verhalf seinen Landsleuten ohne Waffen zu ungeahnter Stärke. Er erhob das gewaltlose Beharren auf Gerechtigkeit zu einer Methode in der Politik und wurde so zum Vorbild für etliche Friedens- und Freiheitsbewegungen.

Doch Gandhi ist längst viel mehr als das. Das Bild des hageren kleinen Mannes im weißen Lendentuch, mit seinem kahlen Kopf und der runden Nickelbrille gehört zu den bekanntesten des 20. Jahrhunderts. Es steht für die moralische Überlegenheit der Unterdrückten. Für den Sieg von Aufrichtigkeit und Nächstenliebe über koloniale Gewalt und Rassismus. Für das Gute in der Welt. Für einen Heiligen, dessen Wahrhaftigkeit und Einfallsreichtum stärker als alle Gesetze der Politik waren. Dieses Bild ist Millionen aus Sir Richard Attenboroughs Film «Gandhi» bekannt, der im Jahr 1983 mit acht Oscars ausgezeichnet wurde. Die Ikone Mahatma Gandhi hat ihre eigene kraftvolle Bedeutung jenseits der historischen Figur entwickelt. Sie ist ein Symbol für viele Wünsche und Hoffnungen, eine Kultfigur, die nicht immer leicht zu trennen ist von dem Menschen Gandhi. Dies liegt auch daran, dass der Mythos des Mahatma schon zu Gandhis Lebzeiten ein Teil von ihm selbst wurde. Bereits neun Jahre bevor Gandhi durch seinen Salzmarsch die Aufmerksamkeit der Weltöffentlichkeit erregte, schrieb 1921 der amerikanische Pfarrer John Haynes Holmes, der von dem ungewöhnlichen Inder gelesen hatte: «[...] wenn ich an Gandhi denke, denke ich an Jesus Christus. Er lebt sein Leben, er predigt sein Wort, er leidet, er ringt, und eines Tages wird er edel für sein Reich auf Erden sterben.»[2] Holmes widmete sich den Rest seines Lebens der Verbreitung von Gandhis Lehre und hatte entscheidenden Einfluss auf das Gandhi-Bild im Westen.

Nicht nur liberale Geistliche, auch pazifistische Denker wie der französische Schriftsteller Romain Rolland fühlten sich von Gandhis moralischer Kraft angezogen. Rolland veröffentlichte 1923 eine der wichtigsten frühen Biographien über den Mann, «der dreihundert Millionen Menschen erweckt, das Britische Weltreich erschüttert und in der Geschichte der menschlichen

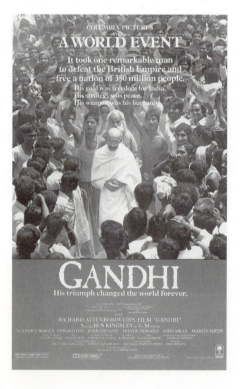

«Sein Triumph hat die Welt für immer verändert», wirbt das Plakat für Richard Attenboroughs «Gandhi», einen der weltweit erfolgreichsten Spielfilme der 1980er Jahre.

Politik die größte seelische Bewegung der letzten zwei Jahrtausende ausgelöst hat»[3]. In den Jahren nach den Schrecken des Ersten Weltkriegs bot Gandhis Beispiel einen fernen Hoffnungsschimmer. Ohne die Macht eines politischen Amtes, ohne die Gewalt von Armeen, durch die bloße Kraft seines unerschütterlichen Glaubens an die Menschlichkeit, so schien es, konnte er eine übermächtige Kolonialmacht bezwingen. Während Europa in der ersten Hälfte des 20. Jahrhunderts in Faschismus, Krieg und Gewalt versank, wies Gandhi einen Weg aus den brutalen Mechanismen der Zivilisation. Der deutsche Altbundeskanzler Helmut Schmidt beschrieb einmal, wie beeindruckt er war, als er nach dem Zweiten Weltkrieg aus der Kriegsgefangenschaft heimkehrte und zum ersten Mal von Gandhi hörte. Diese Faszination, schrieb Schmidt, «kann man sich nur vorstellen, wenn man die seelische Verfassung meiner Generation bedenkt, die nur eine sehr kurze friedliche Kindheit gehabt hatte und anschließend unter Diktatur, Krieg und Gewalt aufgewachsen war»[4]. Gandhis friedfertiger Weg ermutigte in den 1950er Jahren Martin Luther King in seinem Kampf gegen die Rassendiskriminierung in den USA. Und eine Generation später suchten Petra Kelly und andere Vertreter westlicher Friedensbewegungen auf Gandhis Spuren nach alternativen Methoden in der Politik.

In Indien wird Gandhi heute als Vater der Nation verehrt. Zahllose Gandhi-Statuen schmücken Plätze, seinen Geburtstag begeht man als Feiertag, und Politiker fast aller Richtungen bekennen sich gern zu ihm. Ungeachtet aller Lippenbekenntnisse geht das unabhängige Indien jedoch einen gänzlich anderen Weg, als Gandhi sich erträumt hatte, und jene, die nach seinem Tod an seinen Visionen festhielten, sind einsame Randfiguren geblieben. Gandhi wurde auch in Indien schon zu Lebzeiten hoch geschätzt. Vielerorts strömten Tausende Menschen zusammen, um ihn zu sehen. Manche Dörfler erzählten sich Geschichten über Wunder, die er bewirkt habe. Andere Landsleute achteten ihn eher für seine moralischen Qualitäten und seine Integrität. Einige Weggefährten berichten in ihren Lebenserinnerungen, dass weniger seine Schriften oder Reden sie anzogen, sondern vor allem seine Warmherzigkeit und sein Charisma. Doch Gandhi hatte auch zahlreiche indische Kritiker. Es waren nicht nur Rivalen oder Neider, Zauderer, denen der Mut zu großen Taten fehlte. So manche von ihnen, etwa der Unberührbaren-Führer Ambedkar, hatten durchaus begründete Anliegen. Und auch unter seinen Freunden gab es solche wie Jawaharlal Nehru, die zentrale Ansichten Gandhis für falsch hielten und heftig mit ihm debattierten. In gewisser Hinsicht war der Umgang mit dem Mahatma in Indien bei aller Ehrerbietung nüchterner und pragmatischer als unter seinen Bewunderern im Ausland. Selbst die einfachen Menschen, die ihn wie einen heiligen Mann umringten, waren keinesfalls immer bereit, ihm blind zu folgen und sich beispielsweise freudig dem Handspinnen zuzuwenden, wie Gandhi es gehofft hatte. Sein Heiligen-Image war ohnehin zwiespältig, schreckte es doch moderne Liberale und Muslime in Indien oftmals eher ab.

Gandhi war ein Mensch, der wesentlich vielschichtiger und widersprüchlicher war als der Mahatma, von dem Richard Attenboroughs Film erzählt. Die religiöse Vision, die ihn antrieb, gab ihm eine immense geistige Kraft – und gleichzeitig machte sie ihn in manchen Punkten blind. Gandhi konnte sanftmütig und mitfühlend sein, aber ebenso gebieterisch und starrköpfig. Er schloss kluge Kompromisse, und bisweilen ließ er sich von seinen persönlichen Sympathien in die Irre führen. Er errang ungewöhnliche Siege und erlitt deprimierende Niederlagen. Er machte Fehler, auch solche, die er nicht sah, und manches Mal folgte er seinen eigenen Prinzipien nicht. Das Leben von Mohandas Karamchand Gandhi ist nicht die Geschichte eines Heiligen, der mit großer innerer Ruhe und Klarheit der Wahrheit zum Sieg verhalf, es ist die Geschichte eines Ringens um Wahrhaftigkeit, des rastlosen, manchmal geradezu verzweifelten Ringens eines außergewöhnlichen Idealisten, der sich in die Realität hinauswagte.

Die alte Zeit: eine Kindheit in Kathiawar

Das Leben von Mohandas Karamchand Gandhi begann in einem winzigen Fürstenstaat im äußersten Westen Indiens. Kaum mehr als 70 000 Untertanen zählte das Reich des Raja von Porbandar, in das Mohandas am 2. Oktober 1869 hineingeboren wurde. Er war das sechste und letzte Kind von Karamchand Gandhi, dem obersten Minister des Fürsten. Der Vater war ein loyaler Mann, der sich durch seine reiche Erfahrung für das Amt qualifiziert hatte, wenngleich er wenig formale Bildung besaß. Seine Mutter Putlibai schildert Gandhi in seiner Autobiographie rückblickend als eine warmherzige, fromme Frau, deren Selbstdisziplin ihn tief beeindruckte. Täglich besuchte sie den Tempel, sprach vor jeder Mahlzeit ein Gebet und übte sich durch striktes Fastengelübde in Askese. Einmal gelobte sie sogar, während der viermonatigen Regenzeit nur eine Mahlzeit am Tag zu sich zu nehmen und nichts zu essen, ehe sie die Sonne gesehen habe: *Wir Kinder standen in jenen Tagen und blickten zum Himmel empor, darauf wartend, unserer Mutter das Erscheinen der Sonne zu melden. Jeder weiß, dass in der Mitte der Regenzeit die Sonne oft ihr Antlitz nicht zu zeigen geruht. Und ich erinnere mich an Tage, wo wir, wenn sie plötzlich erschien, zur Mutter hineinstürzten, um ihr das anzuzeigen. Sie eilte dann hinaus, um mit eigenen Augen nachzusehen, aber inzwischen war die flüchtige Sonne schon wieder verschwunden, sie so ihrer Mahlzeit beraubend. «Das macht nichts», sagte sie heiter, «Gott will nicht, dass ich heute esse.» Und dann kehrte sie zu ihren Pflichten zurück.*[5]

Mohandas' Eltern verehrten den hinduistischen Gott Vishnu. Sie waren strikte Vegetarier und achteten die Regeln der rituellen Reinheit, was auch bedeutete, jeglichen Kontakt mit Menschen zu meiden, die als «Unberührbare» galten. Gleichzeitig herrschte in ihrem Haus eine große religiöse Toleranz. Der Hindu Karamchand Gandhi empfing regelmäßig Muslime, Parsen oder jainistische Mönche und debattierte mit ihnen über

Der Vater
Karamchand Gandhi

weltliche und religiöse Fragen. Besonders einflussreich im westindischen Gujarat war der Jainismus, der radikaler als alle anderen Religionen die indische Lehre von der Nichtverletzung allen Lebens *(ahimsa)* predigt. Die Religion der Jainas, die seine Heimat so sehr prägt, hat deutliche Spuren im Denken Gandhis hinterlassen. In seiner Autobiographie ist allerdings nur wenig über die religiösen Erfahrungen seiner Kindheit zu lesen. Der Pomp des hinduistischen Tempels, in den er seine Mutter begleitete,

Der Jainismus
Als Vollender der jainistischen Lehre gilt Mahavira, der um 500 v. Chr. lebte und ein älterer Zeitgenosse des Buddha war. Der rigorose Gewaltverzicht, der den Jainismus kennzeichnet, versperrt den Laien zahlreiche Berufe, etwa in der Landwirtschaft. Oftmals werden sie daher Händler. Jainistische Mönche tragen Mundtücher und fegen bisweilen den Weg vor sich, da sie fürchten, versehentlich kleinste Lebewesen einzuatmen oder zu zertreten. Sie üben strenge Askese, und das Gebot der Bedürfnislosigkeit reicht so weit, dass die Mönchsgemeinschaft sich einst über die Frage entzweite, ob das Tragen von Kleidung unerlaubter Luxus sei.

Die Mutter
Putlibai

stieß ihn ab, wie er berichtet. Eher sprachen ihn volkstümliche Traditionen wie das Ramanama an, das ihn seine Amme lehrte: Ein Leben lang bewahrte sich Gandhi die Gewohnheit, in Momenten seelischer Not ununterbrochen den Namen des Gottes Rama zu rezitieren.

Die Helden in Gandhis Kindheit waren Heilige und mythische Figuren wie der tugendhafte König Harishcandra. Die Legende erzählt, dass einst ein weiser Magier zu Harishcandra kam und ihn um Almosen bat. Der König versprach, dass er ihm alles geben werde, was er begehre. Als der Fremde schließlich das ganze Reich verlangt und den König als Sklaven dazu, steht Harishcandra klaglos zu seinem Wort und erfüllt die neuen Pflichten als Diener derart gewissenhaft, dass die Götter am Ende beeindruckt seine Königswürde wiederherstellen. Mohandas wurde nicht müde, den fahrenden Schauspieltruppen zuzusehen, die Harishcandras Geschichte aufführten. Er war ein schüchternes, zurückgezogenes Kind, wie er sich später erinnert. Er fürchtete sich vor Geistern und Schlangen, und nachdem er einmal mit anderen einige kleine Münzen gestohlen hatte, durchlebte er schreckliche Gewissensqualen. Nichts deutete in jenen Jahren darauf hin, dass Mohandas eines Tages den mächtigen britischen Vizekönig herausfordern könnte, der im 2000 Kilometer entfernten Kalkutta residierte.

Ende des 19. Jahrhunderts herrschten die Briten über rund zwei Drittel des Subkontinents. Im übrigen Teil Indiens regierten unter britischer Oberhoheit weiter einheimische Fürsten über rund 500 große und kleine Reiche. Nachdem sich 1857 eine Meuterei indischer Söldner zu einem Aufstand unter Führung der alten Grundherren ausgeweitet hatte, übernahm der britische Staat selbst die Herrschaft; bis dahin war die Kolonie von der East India Company, einer ehemaligen Handelsgesellschaft, regiert worden. Königin Viktoria entsandte jeweils für fünf Jahre einen Vizekönig nach Kalkutta und ließ sich 1876 zur «Kaiserin von Indien» ausrufen. In den Jahrzehnten nach der Machtübernahme durch die Krone wurde die Verwaltung Britisch-Indiens ausgebaut, es wurden Gesetze erlassen und Eisenbahnlinien errichtet. Immer mehr junge Inder besuchten nun westliche Colleges, um an die begehrten Posten in dem neuen System zu gelangen.

Unterdessen führten die meisten Fürstentümer weiter das verschlafene Dasein vergangener Zeiten. Als Gandhi etwa sieben Jahre alt war, zog die Familie nach Rajkot um, wo der Vater Premierminister eines anderen Zwergstaates wurde. Rajkot lag 200 Kilometer von Porbandar entfernt, was damals einer Distanz von fünf Tagesreisen entsprach. Immerhin gab es hier bereits eine Schule, an der auch auf Englisch unterrichtet wurde. Die neue Sprache fiel Mohandas schwer, insgesamt scheint er jedoch kein schlechter Schüler gewesen zu sein. Im zweiten Jahr an der höheren Schule, im Alter von 13 Jahren, verheiratete man ihn mit der gleichaltrigen Kasturba. Eine Hochzeit war ein großes soziales Ereignis und verursachte immense Kosten. Daher war es durchaus üblich, dass die Familie gleichzeitig die Heirat eines älteren Bruders und eines Vetters abhielt. Keineswegs unüblich war auch, dass Mohandas und die anderen Kinder erst durch die

Vorbereitungen von ihrer Hochzeit erfuhren. Viele Jahre später sollte Gandhi seinen Vater für diese Kinderheirat kritisieren. Doch noch war keine Rede davon, und die Kinder hatten Freude an der bunten Prozession und dem üppigen Festmahl. Schon bald nach der Heirat versuchte Mohandas sich in der Rolle des hinduistischen Ehemanns. Er wollte kontrollieren, wie oft Kasturba zu ihren Freundinnen oder in den Tempel ging, was sie sich nicht gefallen ließ. Auch sträubte sie sich gegen seine Versuche, ihr das Lesen und Schreiben beizubringen. Offen berichtet Gandhi in seiner Autobiographie auch über die sexuelle Beziehung zu seiner Kindfrau, die ihm im Rückblick als jugendlicher Exzess, ja geradezu als bedrohliche Besessenheit erscheint. Ständig habe er in der Schule an sie gedacht, und es sei ein Segen gewesen, dass die junge Braut der Tradition gemäß mindestens die Hälfte des Jahres weiter bei ihren Eltern verbrachte.

Das älteste bekannte Foto Gandhis zeigt ihn im Alter von sieben Jahren.

In der Schulzeit lernte Mohandas einen älteren Jungen namens Sheikh Mehtab kennen, dessen körperliche Stärke und Furchtlosigkeit ihm sehr imponierten. Der Freund überzeugte ihn, dass das Geheimnis seiner Stärke in der Diät liege. Wieder und wieder redete er auf Mohandas ein, auch er solle Fleisch essen. Viele in der Stadt würden dies heimlich tun, denn sie hätten

Mohandas (links) mit seinem Freund Sheikh Mehtab, 1883

erkannt, dass die Engländer nur deshalb die Inder beherrschten, weil sie Fleischesser sind. Es sei also geradezu eine nationale Pflicht, die vegetarische Lebensweise aufzugeben. Eines Tages trafen sich die Jungen tatsächlich an einem geheimen Ort am

Fluss, und Mohandas aß zum ersten Mal in seinem Leben Fleisch. Es war gekochtes Ziegenfleisch, zäh wie Leder. Mohandas wurde sofort übel, und es kam noch schlimmer: *Nachher hatte ich eine sehr schlechte Nacht. Ein schrecklicher Albdruck quälte mich. Jedes Mal, wenn ich gerade eingeschlafen war, kam es mir vor, als meckere eine lebende Ziege in mir, und ich fuhr reuevoll auf. Aber dann besann ich mich wieder darauf, dass Fleischessen eine Pflicht war, und das ließ mich wieder fröhlich werden.*[6] Die Experimente wurden fortgesetzt, und es scheint, dass der junge Gandhi nach einer Weile sogar Geschmack an Fleischgerichten fand. Immer unerträglicher wurde ihm jedoch der Umstand, dass er seine Eltern belog. Nach etwa einem Jahr beschloss er daher, die «Nahrungsreform» zu verschieben und erst wieder mit dem Fleischverzehr zu beginnen, wenn seine Eltern nicht mehr lebten.

Während in Gujarat langsam erste westliche Einflüsse spürbar waren und die Jugendlichen sich durch Diätexperimente gegen einen fernen Feind rüsteten, hatten ihre Landsleute in Bombay, Kalkutta oder Madras längst sehr enge Begegnungen mit den Kolonialherren: In den niederen Rängen der britischen Verwaltung waren viele Inder beschäftigt, andere wurden College-Dozenten oder Anwälte an britischen Gerichten. Die kleine, aber schnell wachsende Gruppe von Englisch sprechenden Indern bildete eine neue Elite. Sie stützte die britische Herrschaft – doch gleichzeitig zogen sich die Kolonialherren mit ihnen ihre eigenen Kritiker heran. Mehr als Politik beschäftigten die Inder allerdings zunächst religiöse und soziale Reformen. Die Begeg-

---

1600 Gründung der britischen East India Company. In den folgenden Jahren entstehen auch in den Niederlanden und in Frankreich privilegierte Handelsgesellschaften.
1757 Die Briten schlagen den Fürsten von Bengalen. 1765 gewährt der Großmogul in Delhi der East India Company die Steuereinzugsrechte für Bengalen.
1760 Nach Jahrzehnten der Rivalität besiegen britische Truppen die Franzosen. Es folgen Siege über indische Fürsten wie den Großmogul (1764), Tipu Sultan im Süden (1799) und die Marathen (1818) in Westindien.
1857 Aufstand in Nordindien.
1858 Die britische Krone übernimmt die Herrschaft in Indien.
1876 Königin Viktoria lässt sich zur «Kaiserin von Indien» ernennen.

nung mit westlichen Ideen und die Kritik der Europäer an der Vielgötterei, an erotischen Tempelskulpturen, Kinderheirat, Kastenwesen und der aus ihrer Sicht theologischen Widersprüchlichkeit des Hinduismus ließen Bewegungen wie den 1828 in Kalkutta gegründeten Brahmo Samaj entstehen, die den Hinduismus modernisieren wollten, ohne ihn ganz zu verwerfen. Seit den 1870er Jahren rückten dann allmählich politische Probleme in den Vordergrund. Königin Viktoria hatte 1858 in einer berühmten Erklärung ihren indischen Untertanen gleiche Rechte versprochen. Davon jedoch war man weit entfernt. Ganz gleich, wie viel westliche Bildung die Inder besaßen, ihnen blieben die attraktiven Posten verwehrt. Theoretisch konnte sich jedermann für den höheren Verwaltungsdienst bewerben, doch die Aufnahmeprüfung musste spätestens im Alter von 19 Jahren abgelegt werden – und zwar in London. Die britischen Beamten in Indien

Königin Viktoria (1819 – 1901) verkörperte die Macht des Britischen Empire. 1858 versprach sie ihren indischen Untertanen gleiche Rechte.

waren ohnehin gegen eine größere Beteiligung von Indern, sie grenzten sich von den Millionen, die sie regierten, durch einen ausgeprägten Corpsgeist und ein Gefühl der rassischen Überlegenheit ab. Der konservative Vizekönig Lord Lytton förderte den Unmut der Inder zusätzlich, als er 1878 die indischsprachige Presse einer strengen Zensur unterwarf. Sogar die Liberalen im britischen Parlament verurteilten das Pressegesetz, und als sie wenig später die Regierung übernahmen, setzten viele politisch aktive Inder ihre Hoffnung auf den britischen Liberalismus. Im Jahr 1885 schließlich wurde der Indische Nationalkongress gegründet. Er war zunächst eine lose Vereinigung englischkundiger Honoratioren, die alljährlich in einer anderen indischen Stadt zusammenkamen und Petitionen an die Briten richteten. Nicht Unabhängigkeit, sondern Mitbestimmung und Teilhabe waren das Ziel ihrer Bemühungen.

Im selben Jahr, als in Bombay der erste Nationalkongress tagt, kommt es im Hause Gandhi zu einem folgenschweren Ereignis. Täglich hilft der 16-jährige Mohandas bei der Pflege seines Vaters, der wegen einer Fistel bettlägerig ist. Doch während er die Wunde des Vaters verbindet und ihm die Beine massiert, kreisen seine Gedanken nur um Kasturba. So ist der junge Ehemann an jenem Abend froh, als ihn der Onkel ablöst und er ins Schlafzimmer seiner Frau eilen kann. Kurz darauf klopft aufgeregt der Diener an seine Tür – doch es ist bereits zu spät: *Ich empfand tiefe Scham und Elend. Ich stürzte in Vaters Zimmer. Ich sah ein, dass ich, hätte mich nicht tierische Lust blind gemacht, meinem Vater in seinen letzten Augenblicken die Qual der Trennung hätte ersparen müssen. Ich hätte ihn weiter massieren sollen, dann wäre er in meinen Armen gestorben. [...] Das ist ein Schandfleck, den ich nie zu tilgen oder zu vergessen vermochte, und ich habe immer gedacht, dass meine Hingabe an meine Eltern, obwohl sie keine Grenzen kannte und ich dafür alles aufgegeben hätte, gewogen und unverzeihlich zu leicht befunden wurde, weil mein Geist gerade in diesem Augenblick in der Gewalt der Wollust war.*[7]

Die Umstände dieses Todes verstärkten vermutlich Gandhis Tendenz zu Schuldgefühlen und prägten, neben anderen wichtigen Faktoren, seinen späteren Entschluss zur Keuschheit und

Askese. In jedem Fall aber hatte der Tod des Vaters eine unmittelbare Folge für Mohandas' Leben, denn einer der Söhne sollte die Karriere des Verstorbenen fortsetzen, und Mohandas schien dafür am geeignetsten. Man schickte ihn auf das College in Bhavnagar, wo er sich jedoch nicht besonders wohl fühlte. Als er in den ersten Semesterferien nach Hause kam und ein alter Freund der Familie riet, Mohandas' solle in England studieren, um für die neue Zeit gerüstet zu sein, gefiel dem Jungen die Idee sofort. Es kostete Mohandas älteren Bruder einige Mühe, das nötige Geld für die Reise aufzubringen, da der Vater seiner Familie nicht viel hinterlassen hatte. Außerdem gab es Bedenken, der Englandaufenthalt könnte Mohandas verderben. Junge Inder, die von dort zurückkehrten, so gab ein Onkel zu bedenken, würden ihre eigene Religion nicht mehr achten, würden Zigarren rauchen und sich schamlos wie die Engländer kleiden. In ihrer Entscheidungsnot wandte sich die Mutter an einen befreundeten Jain-Mönch. Und dieser fand tatsächlich einen Ausweg, indem er dem Jungen ein Gelübde abnahm: In England, so gelobte Mohandas, werde er sich fernhalten von Alkohol, Fleisch und Frauen.

Als er endlich Richtung Bombay aufbrechen durfte, erfüllte ihn Vorfreude auf die weite Reise. Dass er seine Frau und den wenige Monate alten Sohn Harilal zurücklassen musste, schien den jungen Gandhi wenig zu bekümmern. Inzwischen hatten auch die Kastenmitglieder in Bombay von den Reiseplänen gehört. Die Modh Banias waren eine Kaste von Händlern, doch keiner von ihnen hatte bislang den Westen bereist, und man fürchtete, dass Mohandas dort die traditionellen Sitten verletzen werde. Das Oberhaupt der Gemeinschaft, ein entfernter Verwandter, berief eine Versammlung ein und stellte den Jungen aus Rajkot zur Rede. Mohandas beharrte auf seinem Entschluss, hatte er doch den Segen seiner Mutter und seines älteren Bruders. Obwohl der Rat verfügte, dass er aus der Kaste ausgeschlossen werde, kaufte er sich eine Fahrkarte und Proviant für die Reise. Ein Freund besorgte ihm außerdem westliche Kleidung, darunter eine Krawatte und ein Jackett, das Gandhi allerdings unsittlich kurz erschien. So ausgerüstet, bestieg er am 4. September 1888, einen Monat vor seinem 19. Geburtstag, ein Schiff nach Southampton.

Der hungernde Gentleman: Studentenjahre in London

Während der mehrwöchigen Überfahrt nach England verbrachte Mohandas die meiste Zeit in seiner Kabine. Er konnte sich nur mühsam mit den anderen Passagieren verständigen und musste über jeden englischen Satz nachdenken. Da er den Gebrauch von Messer und Gabel nicht beherrschte und zu schüchtern war, zu fragen, welche Gerichte vegetarisch sind, nahm er sogar seine Mahlzeiten in der Kabine ein und ernährte sich überwiegend von Früchten und Süßspeisen, die er aus Bombay mitgenommen hatte. Eigens für die Ankunft hatte er einen weißen Flanellanzug verwahrt, wie ihn die Briten in Indien tragen. Doch als er im spät-

London um 1896. Die Hauptstadt des größten aller Kolonialreiche wurde im 19. Jahrhundert zum Zentrum des Welthandels und wuchs von einer auf sechs Millionen Einwohner.

herbstlichen London an Land ging, war er der Einzige, der einen solchen Anzug trug. Selbst sein Landsmann Dr. Pranjivan Mehta, der dem Jungen in den nächsten Wochen ein wenig half, sich in der englischen Gesellschaft zurechtzufinden, musste bei diesem Anblick schmunzeln. Trotz Mehtas Hilfe fühlte Mohandas sich unwohl, er weinte nachts und dachte oft an seine Mutter.

Das Gelübde machte die Sache nicht gerade leichter: Es war schwer, vegetarische Gerichte zu bekommen, und alles, was Gandhi essen durfte, schien ihm fad und geschmacklos. Wochenlang lebte er von Hafergrütze, Spinat und Marmeladenbrot und wurde nicht satt. Schon auf dem Schiff hatte ein wohlmeinender Mitreisender ihn gedrängt, Fleisch zu essen. Und auch ein englischer Freund, bei dem Mehta seinen jungen Landsmann zunächst untergebracht hatte, versuchte sein Bestes. Eines Tages zog der Gastgeber ein Buch heran, um den indischen Studenten zu überzeugen. *Ich war am Ende meiner Weisheit. Die Sprache war für mein Verständnis zu schwer. Er begann das Buch zu erläutern. Ich sagte: «Entschuldigen Sie bitte! Diese abstrusen Dinge gehen über meinen Horizont. Ich gebe die Notwendigkeit des Fleischessens zu. Doch ich kann mein Gelübde nicht brechen. Ich kann darüber nicht diskutieren. Ich bin sicher, Ihre Argumentation nicht widerlegen zu können. Aber bitte geben Sie mich auf als einen Narr oder Dickkopf! Ich schätze die Liebe hoch, die Sie mir bezeigen, und ich weiß, dass Sie mein Bestes wollen. [...] Doch ich kann mir nicht helfen: Gelübde ist Gelübde. Es kann nicht gebrochen werden.»*[8] Noch immer war Gandhi kein Vegetarier aus Überzeugung. Dies sollte sich erst ändern, als er bei seinen Wanderungen durch die Stadt auf ein vegetarisches Restaurant stieß, in dem er die *erste richtige Mahlzeit*[9] seit seiner Ankunft aß. Am Eingang kaufte er ein kleines Buch, das er mit großer Begeisterung las. Es war Henry Salts «A Plea for Vegetarianism», und in der nächsten Zeit sollte er noch weitere Werke englischer Vegetarier für sich entdecken. Gott war ihm zu Hilfe gekommen, wie Gandhi fand, und er segnete den Tag, an dem er vor seiner Mutter das Gelübde abgelegt hatte.

Kaum leichter als die richtige Ernährung war, den richtigen Lebensstil zu finden. Wie sollte er sich kleiden, wie wohnen? Mehta hatte dem unbeholfenen Neuankömmling erklärt: «Wir kommen nach England nicht so sehr zum Studieren, als um uns mit englischem Leben und englischen Gewohnheiten vertraut zu machen.»[10] Gandhi sah, wie sehr die gesellschaftliche Anerkennung im spätviktorianischen London von äußeren Dingen wie einem gebildeten Umgangston, standesgemäßer Kleidung und guten Manieren abhing. Und so unternahm er *den völlig unmöglichen Versuch, ein englischer Gentleman zu werden*[11]: Mit seiner üblichen Gewissenhaftigkeit ließ er sich einen Maßanzug schneidern, kaufte einen teuren Zylinder und bat seinen Bruder, ihm eine goldene Uhrkette aus Indien zu schicken. Täglich kämpfte er vor dem Spiegel mit Krawatten und seinem schwer zu bändigenden Haar. Und als er in den Tanzstunden den Takt nicht halten konnte, beschloss er, mit Geigenstunden sein Ohr an westliche Musik zu gewöhnen. Das Experiment währte etwa drei Monate. Allmählich erschien ihm sein eigenes Tun immer befremdlicher. Zudem setzten sich seine alte Bescheidenheit und das Gefühl durch, zu einem sparsamen Umgang mit dem Geld seiner Familie verpflichtet zu sein. Gandhi mietete also ein einfaches Zimmer, in dem er sich Frühstück und Abendbrot selbst zubereiten konnte. Um Fahrgeld zu sparen, ging er immer häufiger zu Fuß und legte bald täglich rund 15 Kilometer zurück. Die langen Fußmärsche sollten ihm zu einer Gewohnheit werden, die er sein Leben lang beibehielt. Gandhi trug noch immer westliche Kleidung, doch er lebte nun deutlich sparsamer. Schon während der Phase als «Gentleman» hatte er begonnen, über jede Ausgabe sorgsam Buch zu führen. Mit derselben Akribie entwarf er nun einen Zeitplan bis auf die Minute, um sich ernsthaft dem Studium der Rechtswissenschaften zuzuwenden. Da die Vorbereitungen für das juristische Examen nicht sehr aufwendig waren, beschloss er, zusätzlich das Londoner Abitur abzulegen. Weit mehr als seine akademischen Fortschritte beschäftigt Gandhi in der Autobiographie die Entwicklung seiner Persönlichkeit in jenen Jahren. In England war er zum ersten Mal ganz auf sich gestellt, hier konnte er die Welt und vor allem sich selbst erforschen.

Täglich las der Student Gandhi mehrere Zeitungen und verfolgte das Tagesgeschehen. England wurde damals von den Konservativen regiert, gleichzeitig beherrschte eine verwirrende Vielfalt politischer und religiöser Reformgruppen die Szene in London: Die junge Gewerkschaftsbewegung, Kommunisten, Anarchisten, Esoteriker warben für ihre Anliegen. Gandhi schloss sich der Vegetarischen Gesellschaft an. Er schrieb für ihre Zeitschrift und sammelte erste organisatorische Erfahrungen als Schriftführer der Gesellschaft. Während jener Jahre begann er auch mit verschiedenen Ernährungsweisen zu experimentieren. Er stellte den Genuss von Kaffee und Tee zugunsten von Kakao ein, eine Zeit lang gab er stärkehaltige Nahrung auf, und ein anderes Mal ernährte er sich nur von Brot und Früchten. Dabei ging es ihm zunächst besonders um Sparsamkeit und darum, die Auswirkung bestimmter Lebensmittel auf den Körper zu erforschen. Gandhi gelangte zu der Ansicht, dass das Essen nur der Nahrungsaufnahme und nicht dem Genuss dienen sollte. Er ließ sich aus Indien keine Süßigkeiten und Gewürze mehr schicken und aß nun freiwillig die faden Speisen, die ihm anfangs in England so ungenießbar erschienen. Als er eines Tages den Gujarati-Dichter Narayan Hemchandra zu Gast hatte und ihn mit einer selbstgekochten Möhrensuppe bewirtete, bemitleidete ihn der Freund für seinen Geschmack, wie Gandhi später selbstironisch berichtet.

Viele der englischen Bekannten Gandhis stammten aus den Kreisen der Vegetarier. Selbst in ihrer Gesellschaft jedoch konnte er seine Schüchternheit nicht ablegen, und oftmals stockte ihm

Indiens Vegetarier
Man schätzt, dass heutzutage rund ein Viertel der Inder strikt vegetarisch lebt, und es ist davon auszugehen, dass auch in der Vergangenheit Vegetarier nie die Mehrheit stellten. Dennoch genießt der Vegetarismus, anders als in Europa, oft auch unter den Nichtvegetariern hohes Ansehen. Er leitet sich aus dem Ideal des Gewaltverzichts gegenüber allen Lebewesen her und ist besonders unter Brahmanen verbreitet. Je nach Region können aber auch andere Kasten, wie etwa die einflussreichen Händlergemeinschaften in Gandhis Heimat, traditionell Vegetarier sein. Im indischen Denken spielt die Ernährung, wie überhaupt die Kontrolle des Körpers, eine große Rolle. Der Ayurveda etwa lehrt, dass Knoblauch und Zwiebeln «heiß» seien und die Leidenschaften anfachen. Insofern wurzeln Gandhis Diät-Experimente durchaus in der indischen Tradition. Die Rigorosität, mit der er in späteren Jahren seine Ernährung kontrollieren wird, war jedoch selbst für indische Verhältnisse außergewöhnlich.

Gandhi (unten rechts) mit Mitgliedern der Vegetarian Society, London 1890

die Stimme, wenn er vor einer Versammlung sprechen sollte. Gandhi kam während seiner Studentenjahre auch mit der Theosophischen Gesellschaft in Kontakt. Die Gemeinschaft, deren Lehre hinduistische und buddhistische Ideen mit spiritistischen Vorstellungen des Westens verband, war 1875 in New York gegründet worden und fand in London zahlreiche Anhänger. Gandhi trat der Gesellschaft allerdings nicht bei, denn ihn stieß unter anderem ihr Okkultismus ab. Im November 1889 lernte er die Gründerin Madame Blavatsky und die kurz zuvor von ihr bekehrte irische Sozialistin Dr. Annie Besant kennen, mit der er Jahre später in Indien aneinandergeraten sollte. Wichtiger als diese Bekanntschaft war jedoch zunächst die zweier anderer Theosophen: Die Brüder Bertram und Dr. Archibald Keightley baten den indischen Studenten, mit ihnen die «Bhagavadgita» zu lesen. Gandhi musste beschämt gestehen, dass er den Text bisher weder im Sanskrit-Original noch in der englischen Übersetzung von Sir Edwin Arnold kannte, welche die beiden studierten. Also begann er mit ihnen die Lektüre. *Das Buch erschien mir als eines von höchstem Wert. Dieser Eindruck hat sich seither ständig vertieft mit dem Ergebnis, dass ich es heute als das Buch par excellence für die Erkenntnis der Wahrheit halte*, schreibt er als 56-Jähriger. *Obwohl ich die Gita mit diesen Freunden las, kann ich nicht behaupten, sie damals studiert zu haben. Erst nach manchen Jahren wurde sie für mich ein Buch täglicher Lesung.*[12]

Ausgerechnet im Westen also kam Gandhi zum ersten Mal mit jenem altindischen Text in Berührung, der später von so unschätzbarem Wert für ihn werden sollte. Die Bhagavadgita ist einer der populärsten hinduistischen Texte und, insbesondere unter den Vishnuiten, heute der wohl meistgelesenste. Sie geht im Kern vermutlich auf das 2. Jahrhundert v. Chr. zurück, dürfte aber in den folgenden vier Jahrhunderten mehrfach überarbeitet und ergänzt worden sein. Den Rahmen des berühmten Lehrgedichts bildet ein Dialog zwischen dem Helden Arjuna und Gott Vishnu in der Gestalt Krishnas. Prinz Arjuna soll in den Kampf ziehen. Doch er empfindet Skrupel, da er auf der gegnerischen Seite Verwandte und Freunde erblickt. Und so beginnt Krishna, der auf dem Schlachtfeld die Rolle von Arjunas Wagenlenker übernommen hat, ihn über seine Pflicht als Krieger zu belehren. Eingebettet in diese Erzählung entfalten sich umfangreiche philosophische und theistische Lehrstücke. Mit ihrer Hilfe lässt Arjuna sich am Ende überzeugen – und schreitet zum Kampf. Eine Rahmengeschichte also, die nicht unbedingt als Vorlage für eine Philosophie der Gewaltlosigkeit taugt. Dieser Aspekt der Gita bereitete Gandhi denn auch einiges Kopfzerbrechen, und er sollte die Schlacht Jahre später als eine Allegorie des Kampfes im Inneren der Menschen deuten. Was ihn an der Bhagavadgita bei der ersten Lektüre in London sofort anspricht, ist etwas anderes: Krishna fordert Arjuna auf, seiner Pflicht gemäß zu kämpfen, doch dabei soll er frei von Begierde, Zorn oder anderen Leidenschaften handeln. Die Bhagavadgita lehnt nicht nur wie viele religiöse Texte den Materialismus ab, sondern gleichermaßen die asketische Weltflucht. Sie verwirft die Askese zugunsten von diszipliniererter Aktivität in der Welt. Nur der Sache selbst hingegeben, frei von Ängsten oder dem Streben nach persönlichem Erfolg, soll man die Früchte seines Tuns Gott überlassen. Dann entsteht auch kein gutes oder schlechtes Karma, das den Menschen in den Kreislauf der Wiedergeburten bindet. Aktiv in der Gesellschaft zu wirken und dennoch Gleichmut zu üben, aktiv in der Welt und gleichzeitig von allen weltlichen Fesseln befreit, diese Forderung spricht Gandhi zutiefst an, und genau diesen «Weg der Tat» *(karmayoga)* wird er eines Tages beschreiten.

Auf Empfehlung seiner theosophischen Freunde las Gandhi des Weiteren Edwin Arnolds «The Light of Asia» über die Lehren Buddhas, die ihn regelrecht begeistern. Außerdem kaufte er sich eine Bibel. Am Alten Testament fand er keinen Gefallen, doch die Lektüre des Neuen Testaments ließ ihn seine Meinung über das Christentum revidieren, die bislang durch die Begegnung mit christlichen Missionaren in Indien belastet war: *Das Neue Testament dagegen machte mir einen anderen Eindruck, zumal die Bergpredigt, die recht nach meinem Herzen war. Ich verglich sie mit der Gita. Die Stelle: «Ich aber sage euch, dass ihr dem Übel nicht widerstehen sollt; sondern so dir jemand einen Streich gibt auf deine rechte Backe, so biete ihm auch die linke dar. Und so dir jemand deinen Rock nimmt, so lass ihm auch den Mantel» entzückte mich über die Maßen und rief mir Shamal Bhatts Worte ins Gedächtnis*. Gemeint ist ein Vers in seiner Muttersprache Gujarati, den Gandhi an anderer Stelle zitiert:

> *Für eine Schale Wasser gib ein tüchtiges Mahl.*
> *Für einen freundlichen Gruß neig dich rasch zur Erde.*
> *Für einen bloßen Pfennig zahle zurück in Gold.*
> *Wer dein Leben rettet, für den spare das Leben nicht.*
> *Achte auf die Worte und Taten des Weisen:*
> *Sie vergelten jeden kleinen Dienst zehnfach.*
> *Doch der wahrhaft Edle erkennt alle Menschen als eines*
> *Und gibt mit Freude Gutes für das Üble, das man ihm antat.*[13]

Der junge Gandhi nahm sich vor, in Zukunft unbedingt mehr religiöse Bücher zu lesen. Doch zunächst musste er sich seinem näher rückenden Examen widmen. Er bestand die juristischen Prüfungen offenbar ohne große Schwierigkeiten und wurde am 10. Juni 1891 schließlich als Anwalt (Barrister) zugelassen. Als er am übernächsten Tag die Heimreise antrat, hatte Gandhi rund zwei Jahre und acht Monate in England verbracht. Er hatte keines seiner Gelübde gebrochen und beherrschte sicher die englische Sprache. Trotzdem kehrte der 21-Jährige mit zwiespältigen Gefühlen heim. Denn ihm stand der Konflikt mit der Kaste bevor, und er fühlte sich nicht genügend auf die berufliche Praxis vorbereitet.

Nach seiner Ankunft in Bombay erwartet Gandhi zunächst ein schwerer Schlag: Seine geliebte Mutter war gestorben. Man hatte ihm ihren Tod verschwiegen, um ihn im fernen London nicht zu beunruhigen. Gandhi bemühte sich, seinen verzweifelten Schmerz zu unterdrücken und sich seinen zukünftigen Aufgaben zuzuwenden. Schließlich hatte seine Familie große Hoffnungen in ihn gesetzt. Er nahm seinem Bruder zuliebe an einer Sühnezeremonie teil, die seine Wiederaufnahme in die Kaste ermöglichen sollte. Zumindest ein Teil der Kastengemeinschaft war bereit, ihn nach dieser rituellen Reinigung zu rehabilitieren und wieder gemeinsam mit ihm zu speisen. Weniger leicht waren die beruflichen Hürden zu nehmen. Bereits sein erster Auftrag als Anwalt in Bombay, ein unbedeutender Rechtsfall, geriet zum Fiasko. Gandhis Redehemmungen machten ein Kreuzverhör der Gegenseite unmöglich, sodass er mitten während der Verhandlung an einen Kollegen übergeben musste. Auch ansonsten war er schlecht auf die Verhältnisse in Indien vorbereitet: Eines Tages bat ihn sein Bruder, bei einem britischen Regierungsvertreter, dessen Bekanntschaft er in England gemacht hatte, ein gutes Wort für ihn einzulegen. Mohandas tat ihm den Gefallen, doch der britische Beamte ließ ihn gewaltsam vor die Tür setzen. Gandhi war außer sich, wenn er auch selbst spürte, dass es falsch gewesen war, diese flüchtige Bekanntschaft auszunutzen. Er bat den berühmten Anwalt Pherozeshah Mehta, der sich zufällig gerade in Rajkot aufhielt, um einen Rat. Mehta, der mächtige Führer des Indischen Nationalkongresses, ein Mann mit großer Erfahrung, riet seinem jungen Kollegen, die Kränkung einfach wegzustecken, und er ließ ihm ausrichten, dass er noch viel über das Leben lernen müsse.

Der Konflikt mit dem Regierungsvertreter machte eine berufliche Laufbahn in einem der heimatlichen Fürstenstaaten schwierig. Gandhi sehnte sich, diesen Verhältnissen zu entfliehen, als ihm wie schon bei seiner Englandreise der Zufall zu Hilfe kam: Eine in seiner Heimatstadt Porbandar ansässige Handelsfirma suchte einen juristischen Beistand für ihren Vertreter in Südafrika. Da ein Inder nach Ansicht der Firma von weißen Anwälten kein großes Engagement zu erwarten hatte und es keine indischen Juristen in Südafrika gab, bot man Gandhi den Auftrag an. So bestieg er im April 1893 abermals ein Schiff in Bombay. Und abermals ließ er seine Frau Kasturba zurück, die ihm inzwischen einen zweiten Sohn geboren hatte. Diesmal fiel ihm die Trennung deutlich schwerer. Doch die Geschäftsreise sollte nicht lange dauern: *Wir sind in einem Jahr bestimmt wieder zusammen*, versprach Gandhi bei seiner Abreise.

Ein loyaler Untertan:
als Anwalt in Südafrika

Dada Abdulla war ein reicher muslimischer Kaufmann. Der Mann, für den Gandhi in Südafrika arbeiten sollte, lag im Rechtsstreit mit einem Verwandten, einem anderen Händler, der ihm eine beträchtliche Summe Geld schuldete. Im Mai 1893 holte Abdulla im Hafen von Durban den indischen Anwalt ab, den ihm sein Teilhaber schickte, und eine Woche später hatte er genügend Vertrauen zu ihm gefasst, dass er ihn nach Pretoria sandte, wo der Fall verhandelt wurde. So war Gandhi also auf dem Weg von der britischen Kolonie Natal in die Hauptstadt der benachbarten Burenrepublik Transvaal, als er eine erste einschneidende Erfahrung mit der Wirklichkeit in Südafrika machen sollte: Der Zug hatte am Abend gerade Maritzburg erreicht, als ein weißer Passagier zustieg. Mit Missfallen fiel sein Blick auf den Farbigen in dem Erste-Klasse-Abteil. Er rief zwei Schaffner herbei und ließ Gandhi in den Gepäckwagen verweisen. Gandhi protestierte. Schließlich hatte er eine gültige Fahrkarte. Doch ein herbeigerufener Polizist sorgte kurzerhand für Ordnung: *Er ergriff mich bei der Hand und warf mich hinaus. Auch mein Gepäck wurde hinausbefördert. Ich lehnte es ab, den Gepäckwagen zu besteigen, und der Zug fuhr ab. Ich ging in den Warteraum und setzte mich hin. Meinen Handkoffer hatte ich mitgebracht und das übrige Gepäck dort gelassen, wo es war. Die Eisenbahnbeamten hatten es in ihre Obhut genommen. Es war Winter […]. Mein Mantel befand sich in meinem Gepäck, aber ich wagte nicht, ihn zu verlangen, aus Furcht, erneut beschimpft zu werden. So saß ich da und zitterte.*[14]

Nach einigem Intervenieren Abdullas konnte Gandhi am nächsten Abend Erster Klasse bis Charlestown weiterreisen. Von dort musste man die Postkutsche nehmen. Der zuständige Begleiter platzierte Gandhi draußen neben dem Kutscher; er selbst begab sich zu den anderen Gästen in den Wagen. Als der Mann unterwegs draußen rauchen wollte, befahl er dem Inder,

Platz zu machen und sich so lange auf das Fußbrett zu hocken. Das war mehr, als Gandhi ertragen konnte. Eine derart herablassende Behandlung durch Weiße hatte er in England nicht erlebt. Er klammerte sich an den Kutschbock. Der Mann zerrte an ihm, schlug und beschimpfte ihn. Schließlich schritten einige Passagiere ein und baten Gandhi ins Innere der Kutsche. Als er in Johannesburg den Geschäftsfreunden Abdullas erzählte, was ihm geschehen war, trösteten sie ihn, indem sie von ihren eigenen bitteren Erfahrungen berichteten, und sie rieten Gandhi, die Reise ohne Aufsehen in der Dritten Klasse fortzusetzen. Tags darauf saß Gandhi im Zug nach Pretoria – erneut in der Ersten Klasse. Wieder kam der Schaffner, und wieder wurde Gandhi hinausgeworfen. Diesmal setzte sich ein englischer Mitreisender für ihn ein, und so gab der Beamte grollend nach: «Wenn Sie mit einem Kuli reisen wollen, was geht es mich an?»

Einige Tage nachdem Gandhi Pretoria erreicht hatte, lernte er Abdullas Kontrahenten kennen und organisierte mit dessen

Hilfe ein Treffen der ansässigen Inder, um über die allgegenwärtige Diskriminierung zu beraten. Vom Eifer für seine Sache beflügelt, gelang Gandhi die erste öffentliche Ansprache seines Lebens. Er appellierte an die anwesenden Händler, durch besondere Redlichkeit und Sauberkeit das Ansehen der Inder zu erhöhen, und er regte die Bildung einer Vereinigung an, die bald regelmäßig die Probleme seiner Landsleute besprach. Sein Einsatz brachte Gandhi unter den Kaufleuten große Anerkennung ein. Diese wuchs noch, als es ihm außerdem gelang, in dem Rechtsstreit, der ihn nach Pretoria geführt hatte, einen teuren Prozess zu vermeiden und die gegnerischen Parteien für einen Kompromiss zu gewinnen. Nach fast zwölf Monaten war der Auftrag in Südafrika schließlich erledigt. Während eines Abschiedsdinners, das Abdulla für ihn ausrichtete, fiel Gandhis Blick zufällig auf einen Zeitungsartikel: Den Indern sollte das Wahlrecht aberkannt werden! Gandhi war empört. Abdulla und die übrigen Gäste teilten seine Ansicht, doch sie waren Händler und kannten sich in juristischen Dingen nicht aus. Daher überredete man Gandhi, die Rückreise ein wenig aufzuschieben und sich der Sache anzunehmen. Noch in derselben Nacht verfasste er eine Petition. Die Verabschiedung des Gesetzes war nicht mehr aufzuhalten, und so beschlossen die Inder, sich an den Kolonialminister in England zu wenden. Unter Gandhis Anleitung sammelten sie 10 000 Unterschriften und gründeten 1894 den Natal Indian Congress, dessen Name in Anlehnung an den Indischen Nationalkongress gewählt wurde.

Abgesehen davon, dass Gandhi der Einzige unter ihnen war, der Rechtskenntnisse besaß, gab es nur wenig, das ihn zum po-

Kulis und Kaufleute
Für die Weißen in Südafrika waren alle Inder Kulis. Ursprünglich nannte man so die einfachen indischen Arbeiter auf den Zuckerrohrplantagen. Die britischen Pflanzer in Südafrika heuerten arme Inder an, die sich für fünf Jahre zu einem sklavenähnlichen Dasein verpflichteten. Nach Ablauf ihres Kontrakts blieben viele von ihnen als freie Arbeiter oder Diener im Land. Daneben kamen – sehr zum Missfallen der europäischen Kaufmannschaft – immer mehr indische Händler. Viele waren Muslime aus Gujarat, die sich allerdings gern als «Araber» ausgaben, um nicht wie Kulis behandelt zu werden.

litischen Führer der Inder in Südafrika qualifizierte. Er sprach
fließend Englisch und engagierte sich leidenschaftlich, das war
zunächst alles. Dass Gandhi allmählich seine Schüchternheit
ablegte und, wenn auch zögerlich, in die Rolle des politischen
Führers hineinwuchs, lag nicht zuletzt daran, dass sich erste berufliche
Erfolge einstellten. Gandhi mochte sich nicht für seine
öffentliche Arbeit bezahlen lassen und verdiente seinen Lebensunterhalt
weiterhin als Rechtsanwalt. Es war ihm gelungen, gegen
den Widerstand der Kammer als erster farbiger Anwalt am
Oberlandesgericht zugelassen zu werden.

Eines Tages stand ein Kuli namens Balasundaram in der
Kanzlei. Er blutete und zitterte, seine Kleidung war zerrissen,
zwei Vorderzähne fehlten. Wie sich herausstellte, hatte sein Herr
ihn so zugerichtet. Gandhi bat den Kuli zu dessen Erstaunen zunächst,
seinen Turban wieder aufzusetzen. Der Mann hatte ihn in
Gegenwart des Anwalts abgenommen, ganz wie er es gegenüber
Höhergestellten gewohnt war. Gandhi ließ Balasundaram von
einem Arzt versorgen und ging anschließend mit einem Attest
geradewegs zum Richter, der auch zu einer Bestrafung des Herrn
bereit war. Doch Gandhi ging es nicht ums Prinzip, sondern um
die Zukunft des Kulis, dessen Vertrag noch nicht abgelaufen war.
Daher brachte er den Täter dazu, Balasundaram an einen neuen
Herrn abzutreten, was dem armen Kerl weit mehr half. Von jenem
Tag an war Gandhi mehr als nur der Anwalt der indischen
Mittel- und Oberschicht: *Balasundarams Fall drang zu den Ohren
aller Kontraktarbeiter, und ich kam in den Ruf, ihr Freund zu sein. Ich
begrüßte diese Verbindung begeistert. Ein nicht abreißender Strom von
Kontraktarbeitern begann sich in mein Büro zu ergießen, und ich bekam
die beste Gelegenheit, ihre Freuden und Sorgen kennenzulernen.*[15]

Dass der respektable Anwalt engen Kontakt mit den niedrigkastigen
Kulis aus Südindien pflegte, war durchaus bemerkenswert.
Die meisten Politiker daheim bewegten sich kaum
außerhalb der kultivierten Kreise des Nationalkongresses und
stützten sich auf eine regional beschränkte Basis. Die Heimat
der tamilischen Kulis liegt rund 1500 Kilometer entfernt von
Gandhis Geburtsort, und ihre Muttersprache ist mit der Gandhis
nicht einmal verwandt. Der indische Mikrokosmos in Südafrika

Gandhi vor seiner Anwaltskanzlei in Johannesburg, vermutlich 1905. Neben ihm sitzen seine Sekretärin Sonia Schlesin und sein enger Mitarbeiter Henry Polak.

führte ihn zusammen mit Muslimen, mit Südindern und Frauen, mit denen er als politischer Lehrling in Indien vermutlich kaum in Berührung gekommen wäre. Gandhi gelang es, zwischen den unterschiedlichen indischen Gruppen Solidarität zu stiften und die ehrwürdigen Kaufleute im Natal Indian Congress für die Anliegen der Kulis zu gewinnen: Die Regierung hatte eine

Kopfsteuer von 25 Pfund Sterling eingeführt, um die indischen Arbeiter davon abzuhalten, nach Ablauf ihres Kontrakts im Land zu bleiben. Der Congress erreichte tatsächlich eine Senkung des Betrags auf drei Pfund, was allerdings immer noch dem halben Jahreslohn eines Arbeiters entsprach.

Als Gandhi nach rund drei Jahren klar wurde, dass seine Aufgabe in Südafrika länger dauern würde, beschloss er, nach Indien zu reisen und seine Familie zu holen. Sein Engagement in Südafrika hatte in der indischen Presse bereits einige Aufmerksamkeit gefunden. Und so nutzte Gandhi seinen Indienaufenthalt im Sommer 1896 auch, um sich an die Öffentlichkeit in der Heimat zu wenden. Er verfasste eine Schrift über die Situation der Inder in Südafrika, die wegen ihres Einbands das *Grüne Pamphlet* genannt wurde, und er traf in mehreren Städten mit führenden Nationalisten zusammen. In Bombay organisierte Pherozeshah Mehta eine Versammlung – jener berühmte Anwalt, der Gandhi einst in Rajkot den guten Rat gegeben hatte, die Kränkung durch den britischen Beamten wegzustecken. Wenn Mehta, der «ungekrönte König von Bombay», rief, strömten gewöhnlich Massen junger Studenten zusammen. Und so war es auch dieses Mal. Das große Publikum verunsicherte Gandhi; er war noch lange nicht der routinierte Redner, der er einmal werden sollte: *Ich erkannte, dass meine Stimme nur wenig erreichen konnte. Ich zitterte, als ich meine Rede abzulesen begann. Sir Pherozeshah ermunterte mich ständig mit Zurufen, lauter und noch lauter zu sprechen. Ich habe das Gefühl, dass er, statt mir Mut zu machen, meine Stimme vielmehr leiser und leiser werden ließ.*[16] Die Sache endete damit, dass Gandhi den Rest seiner Rede von einem erfahrenen Politiker vortragen lassen musste. Immerhin gelang es auf diese Weise, die Zuhörer für seine Anliegen zu gewinnen. Als Gandhi kurze Zeit später in Kalkutta weilte, traf ein Telegramm aus Durban ein, das ihn von der Vorbereitung neuer diskriminierender Gesetze in Südafrika unterrichtete. Gandhi brach seine Indienreise sofort ab und machte sich mit Frau und Kindern auf den Weg nach Südafrika.

Dort hatte inzwischen ein verzerrter Bericht über Gandhis *Grünes Pamphlet* für Aufruhr gesorgt. Als die beiden Schiffe, die auch ihn und seine Familie beförderten, sich dem Hafen von

Durban näherten, kursierten unter den Weißen Gerüchte, Gandhi plane eine Invasion mit 800 Indern. Unter dem Vorwand der Pestgefahr wurden die Schiffe mehr als drei Wochen lang unter Quarantäne gehalten. Erst am 13. Januar 1897 durften die Passagiere endlich an Land. Gandhi, der seine Familie vorausgeschickt hatte, war bereits nach wenigen Schritten von einer wütenden Meute umringt. Die weißen Angreifer warfen mit Steinen und Eiern und traten auf Gandhi ein, als zufällig die Frau des Polizeichefs vorbeikam. Mutig stellte sich die Dame mit ihrem Sonnenschirm vor Gandhi und geleitete ihn zum Haus eines Freundes. Die Schläger verfolgten sie. «Verbrennen wollen wir ihn», brüllten sie, «wir hängen diesen Gandhi!» Während der Polizeichef die Menge ablenkte, gelang es Gandhi, als Polizist verkleidet durch die Hintertür des Hauses zu entkommen. Drei Tage lang musste er zur Sicherheit auf dem Polizeirevier verbringen. Erst dann legte sich die Aufregung. Es hatte sich herausgestellt, wie auch die Zeitungen der Weißen einräumten, dass die Gerüchte völlig haltlos waren. Der Kolonialminister in London wies die Regierung von Natal an, die Täter hart zu verfolgen. Gandhi weigerte sich jedoch, die Männer zu identifizieren. Er erklärte dem Staatsanwalt: *Ich halte sie nicht für schuldig. Sie hatten die Informationen von ihren Führern. Man kann nicht erwarten, dass sie selbst beurteilen, was davon stimmt und was nicht. [...] Wenn jemand zu verurteilen ist, ist es das Komitee der Europäer, Sie selbst und damit die Regierung von Natal.*[17]

Gandhi wollte keine Rache. Denn er sah sich als Vermittler. In den folgenden Jahren kämpfte er im Gerichtssaal und mit Petitionen für die Rechte seiner Landsleute. Vor allem richtete er sich immer wieder mit offenen Briefen an die Weißen und warb um ihr Verständnis. Er drängte seine Landsleute, die Vorurteile gegen sie zu entkräften, indem sie beispielsweise für mehr Hygiene in ihren Vierteln sorgten. Er selbst trug englische Anzüge und wohnte mit seiner Familie in einem stattlichen Haus, wie es ihm für einen farbigen Anwalt angemessen schien, der von seinen weißen Kollegen respektiert werden wollte. Auch Kasturba und die Kinder waren bei ihrer Ankunft standesgemäß gekleidet. Sie mussten sogar Strümpfe tragen, was ihnen in dem warmen

Klima ein Graus war. Gandhi appellierte an die Solidarität der Bürger des britischen Weltreichs, denn er glaubte an die Werte des Empire und die Verwirklichung des Gleichheitsgrundsatzes, den Königin Viktoria 1858 verkündet hatte. Noch um die Jahrhundertwende sang er mit Hingabe die britische Nationalhymne. Und während des Burenkriegs, in dem die Briten ab 1899 die benachbarten Burenstaaten unterwarfen, versuchte Gandhi die Loyalität seiner Landsleute zu beweisen, indem er ein Sanitätskorps aus 1100 freiwilligen Indern aufstellte. Obwohl die Regierung seine Truppe zunächst ablehnte, wurde Gandhi am Ende für seinen Einsatz geehrt.

Gandhi hatte die Rolle des respektablen Familienoberhaupts und angesehenen Anwalts eingenommen. Gleichzeitig trieben ihn in seinem Inneren fundamentale Fragen um. Nicht nur seine muslimischen Freunde, auch viele Christen versuchten, ihn für ihren Glauben zu gewinnen. Sie überhäuften Gandhi mit Büchern, und schon Abdullas Anwalt in Pretoria, der nebenher Laienprediger war, hatte seinen indischen Kollegen zu Gebetsversammlungen mitgenommen. Die Auseinandersetzung mit den Christen hatte in ihm eine religiöse Suche entfacht, doch Gandhi schlug nicht den Weg ein, den seine christlichen Freunde sich erhofften. Er verehrte Jesus und ließ sich von der christlichen Sozialethik beeinflussen; andere Aspekte der Christenlehre dagegen bereiteten ihm große Probleme: *Es war mehr, als ich glauben konnte, dass Jesus der einzige fleischgewordene Sohn Gottes sei und dass nur, wer an ihn glaubt, das ewige Leben haben solle. Wenn Gott Söhne haben konnte, dann waren wir alle seine Söhne. Wenn Jesus gottgleich oder selbst Gott war, dann waren wir alle gottgleich*

> «Nach einer Nachtarbeit, die stärkere Männer umgeworfen hätte, traf ich in den frühen Morgenstunden Gandhi am Wegrand. Er aß einen vorschriftsmäßigen Zwieback. [General] Bullers Leute waren stumpf und niedergedrückt und fluchten auf alles. Aber Gandhi war stoisch, heiter und voller Zuversicht in dem, was er sagte. [...] Ich sah den Mann und seine kleine, undisziplinierte Abteilung auf manchem Schlachtfeld des Nataler Feldzuges. Wo Hilfe notwendig war, waren sie gleich zur Stelle. Ihre bescheidene Furchtlosigkeit kostete manchen das Leben, und schließlich wurde ihnen verboten, die Feuerzone zu betreten.»
> Der britische Journalist Vere Stent 1911. Nach Louis Fischer: Das Leben des Mahatma Gandhi, S. 61

oder konnten selbst Gott werden. Meine Vernunft war nicht bereit, buchstäblich zu glauben, dass Jesus durch seinen Tod und sein Blut die Sünden der Welt abgebüßt habe. Metaphorisch mochte darin freilich einige Wahrheit stecken. Ferner hatten nach christlicher Auffassung nur die Menschen eine Seele, nicht die anderen Lebewesen, für die der Tod völlige Vernichtung bedeutete; während ich das Gegenteil glaubte.[18]

Durch seine vielfältigen religiösen Begegnungen verunsichert, schrieb Gandhi während des ersten Jahres in Südafrika an einen indischen Freund. Raychandbhai, den Gandhi 1891 in Bombay kennengelernt hatte, war ein jainistischer Philosoph. Er lehrte Gandhi, dass jeder Glaube seine Stärken und Schwächen habe und dass Gandhi auch in seiner eigenen Religion finden könne, was er sucht. Raychandbhai war nicht nur ein Ratgeber, sondern auch ein großes Vorbild. Es gab viele, die wie er nach religiöser Erkenntnis strebten – aber nur wenige, die gleichzeitig das geschäftige Leben eines Juwelenhändlers führten. In Raychandbhai fand Gandhi keinen weltentrückten Heiligen, sondern einen, der die Suche nach Gott mit dem aktiven Leben im Diesseits verband, ganz im Sinne der «Bhagavadgita».

Besonderen Eindruck auf Gandhi machte das Buch eines Christen. *Tolstois «Das Reich Gottes ist in euch» überwältigte mich*, bekennt er. *Vor der Unabhängigkeit des Denkens, der tiefen Moralität und Wahrheitsliebe dieses Buches* schienen ihm alle Bücher, die er von seinen christlichen Freunden erhalten hatte, *zur Bedeutungslosigkeit zu verblassen.*[19] Der russische Schriftsteller Leo Tolstoi beklagte die Diskrepanz zwischen der Botschaft Christi und der Lebensführung der meisten Christen. Er hatte im Alter von 57 Jahren den Entschluss gefasst, ein neues, einfaches Leben zu beginnen: Fortan ging er barfuß, aß kein Fleisch mehr und widmete sich der Erziehung der Dörfler. In seiner Schrift verurteilt er die Aggressivität des modernen Staates. Er lehrt Gewaltlosigkeit und ein naturnahes Leben, in dem jeder täglich mit den eigenen Händen arbeitet. Gandhi war tief bewegt, vor allem von der Konsequenz, mit der Tolstoi selbst tat, was er predigte.

Gandhi hatte auch als Anwalt seine in London begonnenen Bemühungen um Sparsamkeit fortgesetzt. Die Reformen schlossen alle Familienmitglieder ein. Kasturba und er begannen in

Durban, selbst ihre Kleidung zu waschen, eine Tätigkeit, die in Indien traditionell niedrigkastigen Dienern überlassen wurde. Auch stärkte der Hausherr eigenhändig seine Kragen. Dabei war es nicht leicht, die richtige Dosierung zu finden, und so rieselte Gandhi einmal während der Gerichtsverhandlung die Stärke vom Kragen, sehr zur Erheiterung seiner Kollegen. Als es am 22. Mai 1900 bei der Geburt des vierten Sohns Devdas zu spät war, einen Arzt aufzusuchen, übernahm der Vater kurzerhand selbst die Rolle der Hebamme. Er las Bücher über Medizin und Säuglingspflege und interessierte sich leidenschaftlich für alle Fragen der Erziehung und Ernährung – anders gesagt: Gandhi mischte sich ständig in Kasturbas Haushalt ein. Überhaupt hatte es seine Familie nicht leicht mit ihm. Oft war er strenger und weniger geduldig mit ihnen als gegenüber manchem seiner Weggefährten. Er erwartete von ihnen den gleichen reformerischen Eifer und die gleiche Selbstdisziplin, wie er sie besaß. Mehrfach riskierte er das Leben seiner Nächsten mit seinen naturheilkundlichen Experimenten, etwa als sein zweitältester Sohn Manilal an einer Lungenentzündung und an Typhus erkrankte und Gandhi dem Kind gegen den Rat des Arztes eine Orangensaftdiät verordnete. Einige Jahre später schrieb der inzwischen 17-jährige Manilal einen Brief an seinen Vater, weil er sich Sorgen um seine berufliche Zukunft machte. Er dachte daran, Arzt oder Anwalt zu werden, besaß jedoch keine reguläre Schulbildung. Gandhi antwortete ihm, dass Erziehung nicht die Kenntnis von Büchern, sondern vor allem Charakterbildung bedeute und er durch die Arbeit auf der Farm und in der Familie alles lerne, was er braucht. Gandhi verstand seine Söhne nicht und versuchte ständig, sie nach seinem Vorbild zu formen. Die Beziehung zu ihnen sollte zeitlebens schwierig und wenig eng bleiben.

Einmal gingen Kasturba die Reformen ihres Mannes entschieden zu weit: Gandhi verlangte, dass in ihrem Haus kein Unberührbarer die Toiletteneimer leert, sondern er und Kasturba diese «unreine» Tätigkeit selbst verrichten. Nur widerstrebend hatte Kasturba sich gefügt. Doch nun sollte sie auch noch den Eimer eines «unberührbaren» Gastes leeren. Eigentlich war der Mann zum Christentum konvertiert, doch für sie blieb er ein

Unberührbarer. Die Eheleute stritten sich lautstark, und Gandhi war bereits drauf und dran, Kasturba hinauszuwerfen, als sie ihn unter Tränen darauf aufmerksam machte, dass sie in Südafrika niemanden hatte, zu dem sie gehen konnte. Das brachte Gandhi schließlich wieder zur Vernunft. Ein anderes Mal gerieten die beiden aneinander, als Kasturba mit kostbarem Goldschmuck beschenkt wurde: Gandhi hielt nach dem Einsatz im Burenkrieg seine Aufgabe in Südafrika für beendet und beschloss 1901, mit seiner Familie endlich heimzukehren. Während einer Abschiedsfeier überbot sich die indische Gemeinde mit Dankesgaben. Gandhi fand, dass die Familie für seine Dienste keine Gegenleistungen annehmen durfte, und wollte, dass sie die wertvollen Geschenke einem Fonds für die indische Minderheit zukommen lassen. Die Jungen waren schnell überredet, doch Kasturba schäumte: «Du willst aus meinen Söhnen Heilige machen! Nein», schrie sie, «der Schmuck wird nicht zurückgegeben.» Gandhi hatte ihr mit seinen Ansichten längst das Tragen von Schmuck verleidet, aber sie wollte ihn wenigstens für ihre zukünftigen Schwiegertöchter verwahren. Am Ende reiste die Familie Gandhi, wie konnte es anders sein, ohne ihre Geschenke ab.

In seiner Heimat schätzte man Mohandas Karamchand Gandhi inzwischen als Sprecher der indischen Minderheit Südafrikas. Die Presse druckte gern seine Artikel, und Ende 1901 nahm Gandhi zum ersten Mal persönlich an einer Sitzung des Indischen Nationalkongresses teil. Die behäbige Honoratiorenversammlung enttäuschte ihn. Wesentlich mehr beeindruckte ihn der große Gokhale, dessen Gast er einen Monat lang in Kalkutta sein durfte. Gopal Krishna Gokhale war eine der Leitfiguren der indischen Politik, ein Liberaler, den Inder und Briten gleichermaßen achteten. Er machte Gandhi mit allen namhaften Politikern bekannt und wurde in den folgenden Jahren sein Freund und wichtigster Mentor. Auf Gokhales Rat hin ließ Gandhi sich als Anwalt in Bombay nieder. Er hatte sich kaum eingelebt, als wieder ein Telegramm aus Durban eintraf: Der britische Kolonialminister Joseph Chamberlain wurde zu einem Besuch erwartet, und damit bot sich für die Inder eine einzigartige Gelegenheit, ihre Anliegen vorzutragen. Gandhi hatte den Freunden in Südafrika versprochen zurückkehren, sobald man ihn brauchte. Und so saß er im Dezember 1902, rund ein Jahr nachdem er in Indien angekommen war, abermals an Bord eines Schiffes mit Kurs auf Südafrika.

In Natal durfte die indische Delegation unter Gandhis Leitung dem Minister eine Petition überbringen. Als die Inder in Transvaal es ihnen jedoch gleichtun wollten, ließ man Gandhi nicht vor. Eine Beleidigung, die Folgen hatte – denn nun beschloss Gandhi, sich in Transvaal niederzulassen. Er eröffnete im Februar 1903 eine Kanzlei in Johannesburg, und da Kasturba darauf bestand, mit den Kindern nachzukommen, wohnte bald wieder die ganze Familie in Südafrika. Die Rolle des petitionenschreibenden Anwalts genügte Gandhi allmählich nicht mehr. In Indien war er zum ersten Mal Dritter Klasse durchs Land gereist und hatte, dicht gedrängt mit der einfachen Bevölkerung, am eigenen Leib die unhygienischen Bedingungen in den überfüllten Waggons erlebt. Gandhi suchte nach einer Möglichkeit, Dienst an den Armen und Bedürftigen zu tun, und begann in Johannesburg neben seiner Anwaltstätigkeit täglich eine Stunde freiwillige Arbeit in einem Krankenhaus zu verrichten. Als Anfang 1904 in dem indischen Ghetto der Stadt die Pest ausbrach, leitete er vor Ort die Versorgung der Kranken.

Kurz vor dem Ausbruch der Pest hatte Gandhi sich an der Gründung der Wochenzeitung *Indian Opinion* beteiligt. Er verfasste unentwegt Artikel und investierte viel Zeit und Geld in das Projekt. Mittlerweile war aus dem unbeholfenen Studenten ein geschickter Journalist geworden. Er hielt den Kontakt nach Indien, richtete offene Briefe an freundlich gesonnene Zeitungen in London und gründete dort ein Komitee, das die Interessen der Inder Südafrikas vertrat. In einer Zeit, als Briefe noch Wochen auf See unterwegs waren und kaum jemand ein Telefon besaß, war es eine beachtliche Leistung, regelmäßig die Öffentlichkeit auf drei Kontinenten zu informieren.

Eines Abends begegnete der selbstgelernte Journalist in seinem Lieblingsrestaurant dem jungen Zeitungsredakteur Henry Polak. Polak war durch die Lektüre Tolstois zum Vegetarier geworden, und auch ansonsten gab es vieles, was die beiden Männer verband. So sollte der neue Freund bald zu Gandhis engstem Mitarbeiter werden. Als Gandhi 1904 wegen finanzieller Probleme seiner *Indian Opinion* nach Durban fahren musste, begleitete Polak ihn zum Zug und gab ihm eine Reiselektüre: *Es war Ruskins «Unto This Last». Es war unmöglich, das Buch wegzulegen, nachdem ich es einmal begonnen hatte. Es fesselte mich. Von Johannesburg nach Durban war es eine Reise von 24 Stunden. Der Zug kam abends dort an. Ich konnte in dieser Nacht keinen Schlaf finden. Ich beschloss, mein Leben nach den Idealen des Buches zu ändern.*[20] John Ruskin forderte, dass jeder mit seinen eigenen Händen arbeiten und jede Tätigkeit von gleichem Wert sein sollte. «Reichtum», meinte er, «ist eine Kraft wie die Elektrizität. Er wirkt durch Ungleichheit oder Selbstverneinung. Die Kraft der Guinea, die man in der Tasche hat, hängt vollkommen ab von dem Fehlen einer Guinea in der Tasche deines Nachbarn. Wenn er sie nicht brauchte, hättest du keinen Nutzen von ihr.»[21] Gandhi war begeistert und übersetzte das Buch wie einige andere Texte später für seine Landsleute ins Gujarati.

Ruskin gehört neben Tolstoi und Raychandbhai zu den drei Zeitgenossen, die Gandhi nach seiner eigenen Einschätzung am meisten beeinflussten. Dennoch wurde niemand, auch keiner von ihnen, zu einer zentralen Leitfigur, zu einem Guru für ihn. *Der Thron ist leer geblieben [...].*[22] Gandhi pflegte aus Büchern anderer vor allem jene Gedanken zu ziehen, die bereits in ihm selbst keimten. Er folgte niemandem von Anfang bis Ende, sondern verwebte stets, wie im Fall der «Bhagavadgita», seine Gedanken mit denen des Autors. So schreibt er über Ruskin weiter: *Ich fand einige meiner tiefsten Überzeugungen in diesem großartigen Buch von Ruskin wieder, deshalb fesselte es mich so und brachte mich dazu, mein Leben zu verändern.*[23] Die praktische Folge der Ruskin-Lektüre war die Gründung der Phönix-Farm: Mit Hilfe indischer Freunde kaufte Gandhi 1904 vor den Toren Durbans eine verlassene Farm und verlegte das Büro der schwächelnden *Indian Opinion* samt Druckerei dorthin. Es sollte eine autarke Gemeinschaft entstehen, die sich durch eigene Landwirtschaft ernährte und eine unabhängige Zeitung betrieb. Gleichzeitig bestand weiterhin die Kanzlei in Johannesburg. Gandhi wohnte mal auf der Phönix-

Farm, mal in dem Johannesburger Haus, das ebenfalls längst zu einer Wohngemeinschaft für seine erweiterte Familie aus Freunden, Mitarbeitern und politischen Anhängern geworden war.

1906 kam es zu einer entscheidenden Wende in Gandhis Leben, die sich bereits länger angedeutet hatte und zu deren unmittelbarem Auslöser der sogenannte Zulu-Aufstand werden sollte: Gandhi sah sich wie schon während des Burenkriegs als Bürger des Empire in der Pflicht. Er gab sein Haus in Johannesburg auf, sandte seine Familie zur Phönix-Farm und zog ein weiteres Mal als freiwilliger Sanitäter an die Front. Die irrsinnige Grausamkeit, mit der die Briten den Widerstand des Zulu-Stammes niederschlugen, erschütterte ihn. Hautnah erlebte er das Leid der Schwarzen, denn es gehörte zu seinen Aufgaben, die verwundeten Zulus zu versorgen. Gandhi fühlte, dass er auf der falschen Seite stand. Er hatte während des Kriegs viel Zeit, über seinen zukünftigen Weg nachzudenken, und ihm wurde klar, dass dieser

Gandhi inmitten des indischen Sanitätskorps während des Burenkriegs (mittlere Reihe, 3. von rechts)

Weg große Disziplin und innere Klarheit erforderte. Für den bedingungslosen Einsatz im Dienste der Gemeinschaft, nach dem er sich sehnte, musste er sich sammeln, seinen Geist und seinen Körper von allem Überflüssigen befreien. Daher beschloss der Familienvater Gandhi, fortan ein Leben in Armut und Keuschheit zu führen. Schon mehrere Male hatte er versucht, sexuell enthaltsam zu leben – und war gescheitert. Diesmal wollte er sich durch ein Gelübde binden.

Kasturba erklärte sich mit dem Entschluss ihres Mannes einverstanden. Aber Gandhis eigener Bruder verurteilte den Wandel scharf und warf ihm vor, seine Familie zu vernachlässigen. In der Tat gab Gandhi seine familiäre Verpflichtung zunehmend auf und machte Kasturba und die Kinder zu bloßen Mitgliedern seiner Gefolgschaft. Über das Keuschheitsgelübde erklärte Gandhi rückblickend: *Mit einem Wort, ich konnte nicht zugleich nach dem Fleisch und nach dem Geist leben. Im vorliegenden Fall z. B. wäre ich außerstande gewesen, mich in den Kampf zu werfen, wenn meine Frau gerade ein Baby erwartet hätte.*[24] Sein Entschluss stand auch im Zusammenhang mit einer indischen Vorstellung, der zufolge der Samenverlust einen Verlust von Energie bedeutet. Bekannte Legenden erzählen von Waldeinsiedlern, die durch fleischliche Verfehlungen ihre übernatürlichen Kräfte verloren. *Ein Mann, der unkeusch lebt, verliert sein Durchhaltevermögen, wird entmannt und feige. Einer, dessen Geist der tierischen Leidenschaft verfällt, ist unfähig zu jeder großen Tat.*[25] Unter Enthaltsamkeit *(brahmacarya)* verstand Gandhi nicht nur sexuelle Zügelung: *Brahmacharya bedeutet Kontrolle der Sinne im Denken, Reden und Tun.* Noch strikter als zuvor kontrollierte er nun seine Ernährung und aß nur noch gewürzlose, möglichst ungekochte Speisen. *Es ist allgemein bekannt, dass sie [die Leidenschaften] ohne Nahrungszufuhr machtlos sind; und daher ist, wie ich nicht zweifle, Fasten sehr nützlich, wenn es zwecks Bezähmung der Sinne unternommen wird.*[26]

Gandhi war zum Asketen geworden. Es war ein allmählicher Wandel, der nicht nur die private Person betraf, die ohnehin immer schwieriger von der öffentlichen zu trennen war. Gandhi ließ alle Weggefährten an seinen «privaten» Experimenten teilhaben, und er berichtete offen etwa über die Schwierigkeiten,

Gandhis Frau Kasturba mit den vier Söhnen Harilal, Ramdas, Devdas und Manilal, 1902

die ihm das Keuschheitsgelübde bereitete. Der Dienst an einem immer größeren Kreis von Menschen und das Gemeinschaftsleben auf der Phönix-Farm trugen das Ihre dazu bei, dass Gandhi immer mehr zu einer öffentlichen Figur wurde. Und noch etwas anderes sollte sich wandeln: Jahrelang hatte Gandhi vergeblich versucht, mit Loyalitätsbezeugungen und Bittschriften die Weißen zu Zugeständnissen zu bewegen. Nun musste er nach anderen Methoden suchen.

Satyagraha: eine «unvergleichliche Waffe» überrascht den Gegner

Am 11. September 1906 strömte eine bunte Gesellschaft ins Empire Theatre in Johannesburg. Hindus, Muslime, reiche Kaufleute, Diener, Bergarbeiter, rund 3000 Inder versammelten sich, um ihrer Empörung über einen Gesetzesentwurf der Regierung Luft zu machen, der vorsah, dass alle Inder künftig ihre Fingerabdrücke nehmen lassen und ständig eine Registrierungsbescheinigung bei sich tragen sollten. Wer ohne ein solches Papier angetroffen würde, konnte verhaftet und ausgewiesen werden. Das Gesetz zielte darauf ab, den Zuzug illegaler Einwanderer zu stoppen, und galt nur für Asiaten. Damit widersprach es zutiefst der Vorstellung, dass auch die Inder freie Bürger des Empire seien. Auf der Versammlung waren wütende Reden in allerlei indischen Sprachen zu hören. Einer der Anwesenden verlas eine von Gandhi vorbereitete Resolution, die zum Widerstand aufrief, und er fügte hinzu: Gott möge ihr Zeuge sein, dass sie sich niemals diesem erniedrigenden Gesetz fügen werden!

Gandhi horchte auf. Er erkannte sofort die tiefe moralische Verpflichtung, die darin lag, und bat um das Wort: *Wir alle glauben an denselben Gott, ungeachtet der unterschiedlichen Terminologie in Hinduismus und Islam. Einen Schwur zu leisten oder ein Gelübde im Namen Gottes oder mit Ihm als Zeugen abzulegen ist etwas, das man nicht leichtfertig tun darf. Wenn wir solch einen Schwur leisten und ihn dann brechen, machen wir uns schuldig vor Gott und den Menschen. [...] Aber wenn ich mir je eine Krise in der Geschichte der Inder in Südafrika vorstellen kann, die nach einem Schwur verlangt, dann ist es diese.* Jeder müsse selbst prüfen, fuhr Gandhi fort, ob er die innere Kraft besitzt, ein Gelübde zu halten. Selbst wenn alle Anwesenden ihr Wort gäben, müssten sie darauf vorbereitet sein, dass die Mehrheit der Inder ihnen möglicherweise nicht folgt, dass sie verspottet und verhaftet würden, ihre Arbeit verlieren, ihren Besitz oder am Ende gar ihr Leben. *Aber ich kann kühn und* *mit Gewissheit erklären, dass, solange auch nur eine Handvoll Menschen treu zu ihrem Gelübde stehen, der Kampf kein anderes Ende haben kann als den Sieg.*²⁷ Es erklang tosender Beifall, und schließlich hoben alle Versammelten gemeinsam die Hand und schworen bei Gott, sich dem geplanten Gesetz niemals zu fügen.

Die neue Form des Protestes wurde anfangs «passiver Widerstand» genannt. Gandhi gefiel der Ausdruck nicht, denn die Methode, die ihm vorschwebte, war keineswegs passiv. Außerdem suchte er nach einem indischen Namen, fußte die Methode seiner Ansicht nach doch auf der indischen Tradition. Es gab durchaus auch westliche Vorbilder, die Gandhis Strategie beeinflussten, darunter besonders Henry David Thoreaus Essay über den bürgerlichen Ungehorsam. Thoreau war ein vehementer Gegner der Sklaverei in den USA und betonte das Recht der Bürger, sich unmenschlichen Gesetzen zu widersetzen. Gandhi beeindruckte die Konsequenz, mit der Thoreau sich für seine Überzeugungen sogar ins Gefängnis sperren ließ. Um einen geeigneten Namen für den Kampf der Inder zu finden, setzte Gandhi in seiner Zeitung *Indian Opinion* einen kleinen Preis aus. Einer der Vorschläge lautete *sadagraha* («Festhalten am Guten»). Daraus machte Gandhi *satyagraha: Wahrheit (satya) bedeutet Liebe, und Festhalten (agraha) erzeugt und bedeutet daher Kraft. Ich begann die indische Bewegung also «Satyagraha» zu nennen, das heißt: die Kraft, die aus Wahrheit entsteht, aus Liebe oder Gewaltlosigkeit […].*²⁸ Stärke aus der göttlichen Wahrheit schöpfen, den Gegner durch eigene Wahrhaftigkeit bezwingen, das war sein Ziel. Satyagraha sollte eine Waffe sein, die nicht dem Gegner Leid zufügt, sondern ihm die Augen öffnet, indem man sich selbst Leid auflädt. Satyagraha war nicht das letzte Mittel der Schwachen, sondern, wie Gandhi radikal formulierte, eine *unschätzbare und unvergleichliche Waffe*, über die nur jene verfügen, *die frei sind von Angst, sei es bezüglich ihres Besitzes, falscher Ehre, ihrer Angehörigen, der Regierung oder von körperlichen Verletzungen oder dem Tod.*²⁹

Am 1. Juli 1907 trat das «Schwarze Gesetz» in Kraft, und alle Inder erhielten eine Aufforderung, sich registrieren zu lassen. Gandhis Leute postierten sich vor den Ämtern, um ihre Landsleute gewaltlos von der Registrierung abzuhalten. Der Boykott

Während einer Satyagraha-Kampagne 1913 trägt Gandhi einfache indische Kleidung.

verlief so erfolgreich, dass sich bis zum Ablauf der Frist nur 511 der rund 13 000 Inder in Transvaal gemeldet hatten. Gandhi wurde daraufhin im Januar 1908 mit einigen anderen vor das Oberlandesgericht zitiert – dort, wo er noch vor kurzem als Anwalt aufgetreten war, musste er nun auf der Anklagebank Platz nehmen. Gandhi plädierte auf schuldig. Er forderte für sich als Anführer die höchste Strafe, doch man verurteilte ihn lediglich zu zwei Monaten Haft. Nun saß der einst so loyale Gandhi also im Gefängnis, das erste von vielen Malen, die noch folgen sollten.

Die Zellen waren überfüllt, das Essen war schlecht, die Kleidung schmutzig – detailliert schilderte Gandhi seinen Mitstreitern in einem Artikel den Gefängnisalltag und bereitete sie auf eine Erfahrung vor, die vielen von ihnen noch bevorstehen sollte. Täglich trafen neue Gefangene ein, und bald saßen über 150 Satyagrahis in Haft. Gandhi organisierte, dass die indischen Gefangenen ihr eigenes Essen kochen durften und sich durch täglichen Drill im Gefängnishof fit hielten. Er beschloss, seine Haftzeit für ausgiebige Lektüre zu nutzen, und begann unter anderem, die Bhagavadgita, den Koran, Werke von Francis Bacon, Tolstoi und Plato zu lesen.

Gandhis Studien wurden schon bald unterbrochen, als sein Widersacher, General Jan Christiaan Smuts, ihm ein Kompromissangebot unterbreitete: Smuts gab Gandhi persönlich sein Wort, er werde das Gesetz zurücknehmen, sofern die Inder sich freiwillig registrieren ließen. Gandhi strebte nicht einfach nach dem Sieg. Er sah in einem Gegner auch einen potenziellen Partner, mit dem es Kompromisse zu finden galt, die beiden Seiten weiterhalfen. Da er sich vor allem an dem Zwang zur Registrierung gestoßen hatte, willigte er in eine freiwillige Kooperation mit den Behörden ein. Die indische Gemeinde indes reagierte mit blankem Unverständnis, und Gandhi hatte Mühe, seine Entscheidung zu erläutern: Ein Anhänger des Satyagraha fürchte sich nicht davor, dem Gegner zu vertrauen, selbst wenn dieser ihn möglicherweise betrügt, argumentierte er, *denn Vertrauen in die menschliche Natur ist der Kern seines Glaubens*[30]. Als Gandhi am 10. Februar 1908 auf dem Weg war, um sich als Erster registrieren zu lassen, traf ihn der wütende Schlag eines indischen Pathanen. Kaum war er wieder zu sich gekommen, unterzeichnete er jedoch noch am Krankenbett wie geplant die Formulare. Und trotz des allgemeinen Unmuts schloss sich in den folgenden Monaten die Mehrheit der Inder seinem Schritt an.

Smuts indessen brach sein Wort und zog das Gesetz nicht zurück. Gandhi stellte daraufhin der Regierung ein Ultimatum und rief die Inder für den 16. August zu einer Massenversammlung auf. Auf dem Gelände der Hamidia-Moschee in Johannesburg hatte er einen großen eisernen Kessel aufstellen lassen, in den die

Anwesenden über 2000 Registrierungsausweise legten. Als ein Bote die Nachricht überbrachte, dass die Regierung weiterhin bei ihrer Weigerung blieb, wurden die Ausweise in Paraffin getränkt und unter Jubelrufen zu einem gewaltigen Feuer entzündet. Mit diesem symbolischen Akt beschworen die Inder ihre Kampfbereitschaft. Selbst der Korrespondent der Londoner «Daily Mail» war von der Inszenierung so beeindruckt, dass er sich zu einem Vergleich mit der Boston Tea Party hinreißen ließ. Um die wortbrüchige Regierung zu provozieren, bedurfte es allerdings mehr, und daher beschloss Gandhi zu testen, wie die Behörden auf einen Verstoß gegen das Immigrationsgesetz reagieren würden. Eine Handvoll freiwilliger Inder aus Natal reiste nach Transvaal ein. Sie wurden verhaftet, und ganz im Sinne des Satyagraha entschieden sie sich für die Haft anstelle einer Geldbuße. Im Oktober 1908 nahm man auch Gandhi wieder fest. Er wurde zu zwei Monaten schwerer Arbeit verurteilt und musste in Volksrust mit einer Schaufel Erdarbeiten leisten. Die Regierung ging mit wachsender Härte vor. Verhaftungen, Deportationen und Schikanen gegen indische Händler waren nun an der Tagesordnung. So manchen Inder begann allmählich der Mut zu verlassen, und sie drängten darauf, es noch einmal auf dem Verhandlungsweg zu versuchen. Daher entschied sich Gandhi nach seiner Entlassung 1909, erneut in London vorzusprechen, wo gerade über die Bildung der Südafrikanischen Union verhandelt wurde.

Gandhi traf in London unzählige Journalisten und Politiker. Immer wieder bekundeten sie Sympathie für seine Anliegen und bedauerten die Diskriminierung der Inder, doch man wollte sich nicht in die Angelegenheiten der südafrikanischen Regierung einmischen. Am Ende war Gandhi vollkommen desillusioniert. Die Abgeordneten folgten nicht ihrem Gewissen, sondern nur der Parteidisziplin, sie seien *heuchlerisch und egoistisch*[31], hielten lange nutzlose Reden und schliefen während der Sitzungen ein, notierte er über seinen Besuch im berühmtesten Parlament der Welt. Wer seinen Worten keine Taten folgen lassen konnte, sollte nach Gandhis Ansicht lieber schweigen.

Während des Londonaufenthalts wurde Gandhis Blick auch auf die Situation in seiner indischen Heimat gelenkt. Dort hatte der britische Vizekönig mit einer unpopulären Maßnahme für Aufruhr unter den Nationalisten gesorgt. Um die widerspenstige hinduistische Bildungsschicht der Bengalen zu schwächen, hatte er 1905 die große Provinz Bengalen so geteilt, dass in der Ostprovinz fortan Muslime die Mehrheit stellten und in der Westprovinz die nicht bengalischsprachigen Bewohner Orissas und Bihars. Die Nationalisten riefen daraufhin zum Boykott britischer Waren auf, manche junge Bengalen griffen auch zur Gewalt. Die Radikalisierung führte zum Konflikt innerhalb des Nationalkongresses: Auf der einen Seite standen gemäßigte Liberale wie Mehta und Gokhale, die auf Zugeständnisse bei der anstehenden Verfassungsreform hofften und daher eine Verschärfung der Agitation für unklug hielten. Auf der anderen befand sich die extremistische Fraktion unter Führung Bal Gangadhar Tilaks, der die Briten lieber heute als morgen aus Indien vertreiben wollte. Diese Spaltung der Nationalisten zog sich auch durch die indische Gemeinde Londons. Unter den Studenten gab es zahlreiche Anhänger der Gewalt. Kurz vor Gandhis Londonbesuch hatte ein junger Inder ein Bombenattentat auf einen britischen Beamten verübt und mit einer patriotischen Rede vor seiner Hinrichtung viele Altersgenossen in seinen Bann gezogen. Gandhi diskutierte leidenschaftlich mit Landsleuten aller politischen Richtungen. Aufgewühlt durch diese Gespräche, trat er im November 1909 die Rückreise nach Südafrika an und verfasste noch auf dem Schiff innerhalb von elf Tagen sein berühmtes Manifest *Hind Swaraj*.

Der Text erschien zunächst auf Gujarati in der Zeitschrift *Indian Opinion* und richtete sich mit seinem eindringlichen didaktischen Ton vor allem an Gandhis einfache Landsleute in Südafrika. Nachdem das Gujarati-Original von den Briten in Indien verboten worden war, veröffentlichte Gandhi 1910 eine englische Übersetzung unter dem Titel *Indian Home Rule*. Gandhi bedauert in seiner Schrift die Spaltung der Nationalisten. Er teilte weder die Ansichten der Extremisten noch die der Gemäßigten. Mit Gewalt könne man nur eine Gewaltherrschaft durch eine andere ersetzen, mahnte er die Radikalen. *Euer Glaube, dass es keinen Zusammenhang zwischen Mitteln und Zweck gibt, ist ein großer*

Fehler. [...] Man kann die Mittel mit einem Samen vergleichen und das Ziel mit einem Baum; es besteht genau die gleiche unauflösliche Verbindung zwischen Mittel und Zweck wie zwischen Same und Baum.[32] Die Gemäßigten argumentierten, dass die britische Herrschaft in Indien noch eine Zeit lang unentbehrlich sei und die Inder nur Schritt für Schritt mehr Verantwortung übernehmen könnten, da die heterogene indische Bevölkerung gerade erst zu einer Nation zusammenwachse. Gandhis Antwort darauf lautete: *[...] anarchische Zustände in Freiheit sind besser als eine geordnete Fremdherrschaft.*[33]

Gandhi erkannte deutlich, in welchem Maß die britische Herrschaft sich auf die Kooperation der Inder stützte. Daher lag für ihn der einzig richtige Weg zu ihrer Abschaffung in einer gewaltlosen Verweigerung der Zusammenarbeit. Indiens Probleme seien indes nicht damit gelöst, dass man die Briten einfach vertreibt und Inder an ihre Stelle treten. Wahre «Selbstherrschaft» *(swaraj)* bedeute auch die «Selbstbeherrschung» jedes Einzelnen. Äußere Befreiung setze innere Freiheit und Besinnung voraus. Viele Inder hätten sich von den vermeintlichen Errungenschaften des Westens korrumpieren lassen und wollten das englische System behalten, nur ohne die Engländer. *Ihr wollt die Natur des Tigers, aber nicht den Tiger*[34], schrieb Gandhi. Der eigentliche Gegensatz bestehe nicht zwischen Indern und Briten, sondern zwischen alter und moderner Zivilisation. *[...] die moderne Zivilisation ist erfüllt vom Geist der Selbstsucht und des Materialismus, sie ist leer und sinnlos und ist eine Verneinung des Christentums.*[35] Gandhi, der in London einen Briefwechsel mit Tolstoi begonnen hatte, machte sich in *Hind Swaraj* die Zivilisationskritik jener Zeit zu eigen. Er wetterte gegen die Industrialisierung, gegen die moderne Medizin, die auf Tierversuchen basiere und nur Symptome bekämpfe, anstatt die Menschen zu einem gesunden Lebenswandel zu bewegen, gegen Anwälte, die sich an dem Streit ihrer Mitmenschen bereicherten, gegen Konsum und Müßiggang. Ein Hauptübel der modernen Zivilisation bestehe in der Bedrohung der Religion. *[...] meine Hauptklage ist, dass Indien areligiös wird. Dabei denke ich nicht an die hinduistische, mohammedanische oder zoroastrische Religion, sondern an jene, die allen Reli-*

> *Früher reisten die Menschen in Wagen. Heute rasen sie in Zügen umher und legen 400 Meilen und mehr am Tag zurück. Dies gilt als der Gipfel der Zivilisation. Es heißt, dass die Menschen mit wachsendem Fortschritt in der Lage sein werden, in Luftschiffen zu reisen und jeden Teil der Welt in ein paar Stunden zu erreichen. Die Menschen werden ihre Arme und Beine nicht mehr gebrauchen müssen. [...] Alles wird von Maschinen getan werden. Wenn die Menschen früher miteinander kämpfen wollten, maßen sie ihre körperliche Stärke. Heute kann ein einzelner Mann, der von einem Hügel aus eine Waffe bedient, Tausende von Leben auslöschen. Das ist die Zivilisation. Früher arbeiteten die Menschen unter freiem Himmel nur so viel, wie sie wollten. Heute drängen sich Tausende Arbeiter für ihren Lebensunterhalt in Fabriken und Minen, unter schlimmeren Bedingungen als Tiere. Sie sind dazu gezwungen, ihr Leben bei den gefährlichsten Arbeiten zu riskieren, zum Nutzen von Millionären.*
> M. K. Gandhi: «Hind Swaraj», 1909. CWMG, Bd. 10, S. 20

gionen zugrunde liegt. Wir wenden uns von Gott ab.[36] Das Herz des alten Indien, das Gandhi erwecken wollte, lag im traditionellen indischen Dorf. Jahrhundertelang hatten dort, wie er glaubte, die Menschen ein bescheidenes, aber wirtschaftlich autarkes und glückliches Leben geführt. Mit seiner Schrift *Hind Swaraj* hatte Gandhi sich eindeutig Indien zugewandt und die Grundzüge seiner zukünftigen Aufgabe skizziert. Doch erst einmal warteten die Probleme in Südafrika.

Gandhi hatte auf diplomatischem Weg nichts erreicht. Umso entschlossener war er nun, den Widerstand in Südafrika neu zu organisieren. Zunächst brauchte er eine Zentrale für den Kampf in Transvaal, denn die Phönix-Farm in Natal lag weit entfernt. Sein Freund Hermann Kallenbach, ein reicher jüdischer Architekt, stellte Gandhi im Mai 1910 eine Farm außerhalb Johannesburgs zur Verfügung. Die Tolstoi-Farm, wie Gandhi sein neues Heim nannte, sollte den Satyagrahis und ihren Familien als Trainingsstätte und Zuflucht dienen; sie war gleichzeitig ein idealistisches Gemeinschaftsexperiment. Anfangs lebten rund 40 Männer, fünf Frauen und 30 Kinder auf der Farm. Natürlich gab es keine Bediensteten. Die Siedler errichteten eigenhändig ihre Unterkünfte, und jeder half bei der Ernte. Auch Gandhi buk Brot, zimmerte Schränke und nähte Kleidung. Er kümmerte sich besonders um die Hygiene und sorgte dafür, dass der Müll vergraben und pflanzlicher Abfall als Dünger genutzt wurde. Zusammen mit Kallenbach unterrichtete er auch die Kinder. Jungen und Mädchen lernten gemeinsam, und zwar in ihrer Muttersprache statt in Englisch und ohne Bücher, denn ethische Erziehung und der Erwerb von praktischen Fähigkeiten standen im Vordergrund. Aus Solidarität mit den Muslimen befolgte jeder auf der Tolstoi-Farm den Ramadan, ganz gleich ob Christ oder Hindu. Alkohol und Zigaretten waren verboten, und auch das Fleischessen hatte Gandhi den Nichtvegetariern bald abgewöhnt.

1910 gab Gandhi endgültig seine Anwaltstätigkeit auf. Spender aus Indien, darunter der Industrielle Ratan Tata und der Fürst von Hyderabad, halfen bei der Finanzierung des Kampfs. Gandhis einflussreichster Fürsprecher in der Heimat, der Kongressführer Gokhale, kam 1912 persönlich nach Südafrika, um sich ein Bild von der Lage zu machen. Die Inder bereiteten ihm einen begeisterten Empfang, und Gandhi kümmerte sich während der ganzen Reise persönlich um den Ehrengast. Sogar die südafrikanische Regierung hofierte Gokhale, denn man wollte einen guten Eindruck auf den indischen Politiker machen. Bei einer persönlichen Unterredung versprachen die Minister ihm sogar, den Registrierungszwang und die Kopfsteuer für die Kulis abzuschaffen. Gandhi blieb skeptisch, doch Gokhale hoffte, dass die Probleme in Südafrika damit bald gelöst sein würden und Gandhi nach Indien zurückkehren könne. Gokhale hatte während seines Besuchs auch Gandhis *Hind Swaraj* gelesen. Er hielt es für ein übereilt verfasstes Traktat, das Gandhi selbst vernichten werde, sobald er erst einmal wieder ein Jahr lang die Realität in Indien erlebt haben werde. Ungeachtet dessen war Gokhale von Gandhi tief beeindruckt. Kurz nach seiner Rückkehr schwärmte er in einer Rede: «Nur wer Mr. Gandhi, wie er jetzt ist, persönlich begegnet ist, kann die wunderbare Persönlichkeit dieses Mannes erkennen. Er ist zweifellos aus jenem Stoff, aus dem Helden und Märtyrer gemacht sind. Ja, mehr noch, er hat in sich diese wunderbare geistige Kraft, gewöhnliche Menschen, die ihn umgeben, in Helden und Märtyrer zu verwandeln.»[37]

Gandhis Skepsis gegenüber den Versprechen der Regierung erwies sich als berechtigt. Nach Gokhales Abreise weigerte sich Smuts, die Dreipfundkopfsteuer abzuschaffen. Da die Steuer alle Kulis betraf, auch jene in Natal, besaß der nun anstehende

> M. K. GANDHI.
> Attorney.
>
> 21-24 Court Chambers,
> CORNER ROAD & ANDERSON D/RST.
> TELEPHONE No. 1814   P.O. Box 6522
> TELEGRAM "GANDHI." A.B.C. Coer 5th Edition
>
> Johannesburg, 4th April, 1910
> Transvaal
> (S. Africa)
>
> Count Leo Tolstoy,
> Yasnya Polyana,
> Russia.
>
> Dear Sir,
>
> You will recollect my having carried on correspondence with you whilst I was temporarily in London. As a humble follower of yours, I send you herewith a booklet which I have written. It is my own translation of a Gujarati writing. Curiously enough the original writing has been confiscated by the Government of India. I, therefore, hastened the above publication of the translation. I am most anxious not to worry you, but, if your health permits it and if you can find the time to go through the booklet, needless to say I shall value very highly your criticism of the writing. I am sending also a few copies of your letter to a Hindoo, which you authorised me to publish. It has been translated in one of the Indian languages also.
>
> I am,
> Your obedient servant,
> M. Gandhi

Brief an Leo Tolstoi vom 4. April 1910

Kampf eine ganz neue Dimension. Zum ersten Mal traten außerdem zahlreiche Frauen der Bewegung bei. Die Inderinnen empörten sich über ein Urteil des Obersten Gerichtshofs, das im März 1913 alle nichtchristlichen Ehen für ungültig erklärt hatte. Es war nicht leicht, in dieser Situation eine geeignete Strategie zu finden, ein Gesetz, das die Inder demonstrativ übertreten konnten. Schließlich sandte Gandhi eine Gruppe tamilischer Frauen von der Tolstoi-Farm nach Natal. Sie überschritten die Grenze und drangen ungehindert bis nach Newcastle vor, wo sie die tamilischen Bergarbeiter zum Streik aufforderten – und

Der Marsch der streikenden Bergarbeiter von Newcastle in die benachbarte Provinz Transvaal, November 1913

schließlich verhaftet wurden. Gandhi hatte lange gezögert, Frauen einzusetzen; denn er war unsicher, ob sie die Strapazen der Haft durchstehen würden. Umso beeindruckter war er nun von der Leidensfähigkeit der Kämpferinnen, von denen eine infolge des Gefängnisaufenthalts sogar ihr Leben verlor.

Da die indischen Bergarbeiter aufgrund des Streiks ihre Werkswohnungen verloren hatten, wollte Gandhi sie in einem großen Marsch zur Tolstoi-Farm führen. Er informierte seinen Gegner vorher genauestens über seinen Plan und zog mit den Kulis zur grenznahen Stadt Charlestown. Von dort telefonierte er noch einmal mit General Smuts, der sich jedoch beharrlich weigerte, die Kopfsteuer abzuschaffen. Und so brach am Morgen des 6. November ein Pilgerzug aus 2037 Männern, 127 Frauen und 57 Kindern von Charlestown Richtung Transvaal auf. Die «Armee des Friedens», wie Gandhi sie nannte, marschierte jeweils vor Sonnenaufgang los und legte täglich rund 35 Kilo-

meter zurück. Die Regierung sah dem Treiben einige Tage unentschlossen zu, bis sie am 9. November 1913 Gandhi endgültig verhaftete und die Kulis tags darauf mit Sonderzügen nach Natal verfrachtete, wo sie zu Zwangsarbeit in ihren Bergwerken verurteilt wurden. Aus Solidarität mit den geschundenen Bergleuten streikten inzwischen jedoch mehr und mehr indische Kontraktarbeiter. Bereits die Verhaftung indischer Frauen, die traditionell abgeschieden von der Öffentlichkeit lebten, hatte für große Empörung unter den Indern gesorgt. Aus Indien flossen großzügige Spenden. Gokhale schickte den britischen Geistlichen C. F. Andrews zu Gandhis Unterstützung nach Südafrika. Und der britische Vizekönig Indiens verurteilte die südafrikanische Regierung mit deutlichen Worten.

Unter diesem Druck beschloss die Regierung in Pretoria, eine Untersuchungskommission einzusetzen und Gandhi, Kallenbach und Polak am 18. Dezember vorzeitig aus der Haft zu entlassen. Gandhi plante umgehend eine neue Kampagne, weil Smuts keine Inder in die Kommission berufen wollte. Da traten zufällig die weißen Eisenbahner in einen Streik – eine äußerst günstige Gelegenheit, die Regierung mit einer Satyagraha-Kampagne zu treffen! Doch Gandhi entschied, man dürfe eine solche Schwäche des Gegners nicht ausnutzen, und verschob die geplante Aktion. Ein Satyagrahi kämpfe für ein klar definiertes Ziel und bemühe sich um Konfliktbegrenzung, erklärte er seinen überraschten Mitstreitern. Gandhis Schritt wurde in England und Südafrika mit großer Hochachtung registriert, und schließlich bot Smuts ihn zu einem Gespräch. Smuts Sekretär sagte halb im Scherz zu dem indischen Gast: «Sie helfen uns in schwierigen Tagen. Wie können wir da Hand an Sie legen? Ich wünsche mir oft, dass Sie wie die englischen Streikenden zur Gewalt greifen würden, dann wüssten wir sofort, wie wir uns Ihrer entledigen könnten.»[38]

Nach langen Verhandlungen kam es am 30. Juni 1914 tatsächlich zu einer Einigung. Die Kopfsteuer, die den Kulis ein Bleiben in Südafrika unmöglich machen sollte, wurde abgeschafft. Außerdem sollten fortan auch nichtchristliche Ehen Gültigkeit besitzen. Es war nur ein Teilsieg, wie auch Gandhi erkannte. Weiterhin waren die Inder in ihrer Bewegungsfreiheit zwischen den Provinzen eingeschränkt, sie besaßen kein Wahlrecht und durften etwa in Transvaal kein Land erwerben. Doch immerhin waren nach Jahren des Kampfs einige Ziele erreicht. Gandhi wurde von den Indern zum Abschied gefeiert, als er im Sommer 1914 beschloss, nach 21 Jahren endgültig heimzukehren. Die südafrikanische Regierung war erleichtert, den unberechenbaren kleinen Inder endlich los zu sein, und auch der Indienminister in London befand nichts ahnend: «Es ist das Beste, was passieren kann, wenn Gandhi in seine Heimat zurückkehrt.»[39]

Unterwegs im politischen Niemandsland: Gandhis Aufstieg in Indien

Als Gandhi im Januar 1915 heimkehrte, war wenige Monate zuvor der Erste Weltkrieg ausgebrochen. Die Fürsten spendeten Geld, und über eine Million indischer Soldaten kämpften an fernen Fronten. Es gab kaum Möglichkeiten, sich politisch zu betätigen. Die Lage hatte sich ohnehin beruhigt, seit die Briten 1911 die Teilung Bengalens modifiziert und ihre Hauptstadt vom aufrührerischen Kalkutta nach Delhi verlegt hatten. Selbst der radikale Tilak gab sich staatsmännisch, als er 1914 nach sechs Jahren aus dem Zuchthaus entlassen wurde. Es gelang ihm, nach dem Tod der beiden mächtigen Gemäßigten Mehta und Gokhale 1915 die Führung des Nationalkongresses zu übernehmen und bereits im Jahr darauf einen bemerkenswerten Pakt mit den Muslimen zu schließen.

Die Muslime stellten rund ein Viertel der indischen Bevölkerung. Als Minderheit hatten sie bislang die Nähe der Kolonialherren gesucht, was diese durchaus honorierten: 1909 hatten die Briten den Muslimen sogenannte separate Wählerschaften gewährt. Dies bedeutete, dass die muslimischen Vertreter in der indischen Legislative – einem weitgehend machtlosen Diskussionsforum – nur von Muslimen gewählt wurden und sich daher nicht mit anderen Indern zu Interessengemeinschaften zusammenfinden mussten. Seit England im Ersten Weltkrieg gegen den türkischen Kalifen kämpfte, wurden allerdings auch in muslimischen Kreisen die antibritischen Stimmen lauter. Es war abzusehen, dass die Briten nach dem Krieg den Indern weitere Zugeständnisse machen mussten, und so trieb Mohammed Ali Jinnah, der Führer der 1906 gegründeten Muslim-Liga, die Zusammenarbeit mit dem hinduistisch dominierten Nationalkongress voran. Der Pakt, den Tilak und Jinnah schlossen, betraf die Sitzverteilung in den Provinzlandtagen und sah vor, dass die Muslime in Bengalen und im Panjab auf ihre Mehrheit der Sitze verzichteten und dafür in den Provinzen, in denen sie in der Minderheit waren, überproportional vertreten sein sollten.

Während die indischen Führer so Strategien für die Zeit nach Kriegsende entwarfen, war Gandhi mit anderen Dingen beschäftigt. Man hatte den Anwalt der Inder Südafrikas überall herzlich empfangen. Vielen westlich Gebildeten galt er als Patriot mit hoher Gesinnung, wenn auch als etwas schrullig. Aufgrund seines Lebensstils und seiner eigenwilligen Diäten hielten die meisten ihn eher für einen Reformer als für einen Politiker. Gandhi selbst hatte zunächst keine konkreten Pläne bezüglich seiner öffentlichen Rolle. Auf Anraten seines Mentors Gokhale wollte er sich ein Jahr lang mit Reden zurückhalten und Indien besser kennenlernen. Gokhale hatte sich dafür eingesetzt, dass Gandhi in die von ihm gegründete «Servants of India Society» aufgenommen wird. Manche Mitglieder der Reformgruppe fanden Gandhis Ansichten jedoch zu anarchisch, und als Gokhale kurz darauf im Februar 1915 starb, war an eine Aufnahme Gandhis nicht mehr zu denken.

Gandhis erweiterte Familie von der Phönix-Farm hatte in Indien einstweilen Unterkunft bei dem Dichter Rabindranath Tagore gefunden, während Gandhi auf dem Rückweg von Südafrika noch nach London gereist war. Tagore leitete im bengalischen Shantiniketan eine ländliche Modelluniversität, in der er westliche und östliche Bildung verband. Er war 1913 mit dem Nobelpreis für Literatur geehrt worden und bereits ein berühmter Mann, als Gandhi im Februar 1915 nach Shantiniketan kam. Das hielt ihn nicht davon ab, sofort das Leben von Tagores Professoren und Studenten umzukrempeln. Er drängte sie, in der Küche selbst das Gemüse zu putzen, den Hof zu fegen und andere körperliche Arbeit zu verrichten. Nach seiner Abreise kehrte auf dem Campus schnell wieder der gewohnte Alltag ein. Doch der Vorfall zeigte, wie sehr Gandhi, ganz gleich wohin er kam, unermüdlich versuchte, das Verhalten seiner Mitmenschen zu reformieren. Tagore und Gandhi schätzten einander trotz dieses Vorfalls sehr, und es war offenbar Tagore, der in Indien den Titel Mahatma («Große Seele») für seinen asketischen Landsmann prägte.

Um ein neues Zuhause für sich und sein Gefolge zu schaffen, gründete Gandhi nahe der Stadt Ahmedabad einen Ashram. Ahmedabad lag in Gandhis Heimat Gujarat, wo man seine Sprache sprach und wo er auf die finanzielle Unterstützung der ansässigen Kaufleute hoffen konnte. Die Bewohner des Ashrams lebten ähnlich wie auf der Phönix- oder Tolstoi-Farm. Neu war, dass jeder am Webstuhl arbeitete und nur selbstgefertigte Kleidung trug. Mit einiger Mühe gelang es Gandhi, ein paar alte Spinnräder *(charkha)* aufzutreiben, sodass bald auch das Garn selbst gefertigt werden konnte. Täglich mühte er sich, die alte Technik zu erlernen, und befragte jeden Besucher, der etwas über das Spinnen wusste. Gandhi war wild entschlossen, das alte Handwerk wiederzubeleben, in dem er ein Mittel gegen die ländliche Armut sah. Statt auf Almosen zu warten, sollten sich die Bauern selbst helfen und während der Hitzemonate, in denen keine Landwirtschaft möglich war, mit dem Spinnen und Weben ein Zubrot verdienen. Gandhis Mission war nicht leicht: *Bei meinen Fahrten über Land merkte ich, dass die Leute durchaus nicht nach dem Spinnrad griffen, sobald man mit ihnen darüber sprach. Ich wusste, dass man mit dem Spinnen nicht*

Der Satyagraha-Ashram nahe Ahmedabad

viel Geld verdienen konnte, aber ich wusste nicht, wie wenig es war. [...] Die Atmosphäre auf dem Lande war vom Müßiggang und dem Mangel an Glauben und Hoffnung bestimmt. Das Spinnrad konnte keinen Erfolg haben, solange sich das nicht änderte.[40]

Das Handspinnen war Teil einer generellen Hinwendung zu einheimischen Produkten und Traditionen: *Swadeshi ist jener Geist in uns, der uns anhält, nur unsere unmittelbare Umgebung zu gebrauchen und ihr zu dienen, unter Ausschluss des weiter Entfernten. So muss ich mich auf dem Gebiet der Religion, um dieser Definition zu genügen, auf die Religion meiner Vorväter beschränken, also auf den Gebrauch meiner unmittelbaren religiösen Umgebung. Wenn ich sie fehlerhaft finde, sollte ich ihr dienen, indem ich sie von ihren Fehlern reinige. Auf dem Gebiet der Politik sollte ich die einheimischen Institutionen nutzen und ihnen dienen, indem ich sie von ihren erwiesenen Mängeln heile. Auf dem Gebiet der Wirtschaft heißt es, dass ich nur Dinge benutze, die von meinem unmittelbaren Nachbarn produziert werden, und ihren Gewerben diene, indem ich sie effizienter und vollkommener mache, wo sie Defizite haben mögen.*[41] Um die indische Gesellschaft von Fehlern zu heilen, gehörte es auch zu den Regeln des Ashrams, sich dem Gedanken der Unberührbarkeit zu widersetzen und ohne Einschränkungen mit Menschen auch niedrigster Kasten zu verkehren. Dieses Gelöbnis wurde bereits wenige Monate nach Gründung des Ashrams auf eine harte Probe gestellt, als Gandhi eine Familie von Unberührbaren in die Gemeinschaft aufnahm. Seine eigene Frau und sein geliebter Neffe Maganlal drohten zu gehen. Vor allem zogen sich die Spender zurück, und der Ashram hatte bald kein Geld mehr. Gandhi war entschlossen, eher ins Viertel der Unberührbaren zu ziehen und von körperlicher Arbeit zu leben, als sich dem öffentlichen Druck zu beugen. Da kam ihm

---

Die Wichtigkeit von khadi [selbstgesponnenem Tuch] und Spinnrad ging mir zuerst 1908 auf, als ich noch keine Ahnung vom Spinnrad hatte und nicht einmal den Unterschied von Spinnrad und Webstuhl kannte. Ich hatte nur eine vage Vorstellung vom Zustand der Dörfer Indiens, aber ich sah deutlich, dass die Hauptursache ihrer Verarmung in der Vernichtung des Spinnrades lag, und ich beschloss den Versuch, es wiederzubeleben, wenn ich nach Indien zurückkehren würde.

M. K. Gandhi: «History of the Satyagraha Ashram», 1932, CWMG, Bd. 50, S. 219

glücklicherweise ein junger Textilfabrikant mit einer anonymen Spende zu Hilfe und sicherte den Fortbestand des Ashrams.

Als das erste Jahr in Indien gerade vorüber war, erhielt Gandhi die Einladung, anlässlich der Einweihung der Benares Hindu University eine Rede zu halten. Maharajas in prächtigen Gewändern, hohe Beamte und sogar der britische Vizekönig waren zu dem Festakt erschienen. Auch Annie Besant saß auf dem Podium, jene Theosophin, der Gandhi bereits in London begegnet war. Sie hatte sich inzwischen zu einer einflussreichen Politikerin in Indien entwickelt und gehörte zu den Gründungsmitgliedern der Universität. Gandhi entschuldigte sich höflich, dass er zu spät erschienen war, doch was dann folgte, war alles andere als eine Festrede: Er bedauerte, dass er in Englisch, einer fremden Sprache zu seinen Landsleuten sprechen müsse. Er schimpfte über den Schmutz in den Straßen von Benares und forderte die Fürsten auf, zum Wohl des Volks ihre Juwelen abzulegen. Anstatt unnütze Reden zu halten und hehre Schriften zu verfassen, müssten sich die Inder durch ihr eigenes Verhalten für die Freiheit qualifizieren, mahnte Gandhi. Dann bezeichnete er sich auch noch als eine Art Anarchist und äußerte Verständnis für die Terroristen. Bevor er diese Sympathien jedoch näher erläutern konnte, wurde er von Frau Besant empört unterbrochen. Kurz darauf verließ sogar der Vorsitzende das Podium, und Gandhi musste seine Rede abbrechen.

Auch nach diesem Skandal blieb Gandhi eine politische Randfigur. Eher in der Rolle eines Beobachters nahm er Ende 1916 an der jährlichen Sitzung des Nationalkongresses teil, als ein Bauer aus Bihar zu ihm kam und ihn bedrängte, eine Resolution zugunsten der Indigo-Bauern seiner Heimat einzubringen. Gandhi sah sich außerstande, ohne genauere Kenntnis der dortigen Verhältnisse Partei zu ergreifen. Also reiste er im April 1917 in den Champaran-Distrikt Nord-Bihars und zog, begleitet von einer Handvoll örtlicher Juristen und Kaufleute sowie einigen Bauern als Übersetzer, durch die tiefe Provinz, dorthin, wo keiner der städtischen Politiker je gewesen war. Er sprach mit den Bauern nicht über Verfassungsreformen oder Swaraj, sondern über die Last der Pachtzahlungen, die ihnen die weißen Pflanzer abzwangen. Wie es seine Gewohnheit war, suchte er auch die Gegenseite auf und sammelte gründlich Beweise, mit denen er die Behörden zur Einsetzung eines Untersuchungsausschusses bewegte. Am Ende wurde tatsächlich ein Gesetz verabschiedet, das die Pachtbedingungen der Bauern deutlich verbesserte. Gandhi hatte durch seinen Einsatz in Champaran als Anwalt der Bauern hohes Ansehen erworben. Und er hatte neue Mitstreiter gefunden, allen voran den Anwalt Dr. Rajendra Prasad, der zu seinem Statthalter in Bihar werden sollte – und eines Tages zum ersten Staatspräsidenten der Republik Indien.

Gandhi war noch in Champaran beschäftigt, als Anfang 1918 neue Probleme in seiner Heimat Gujarat auftauchten. Die Bauern des Kheda-Distrikts litten nach einer schlechten Ernte unter der hohen Grundsteuer und suchten seine Unterstützung. Gandhi eilte von Champaran nach Kheda und organisierte eine Steuerverweigerungskampagne. Gleichzeitig bat man ihn, in Ahmedabad zu vermitteln, wo ein Streik der Textilarbeiter drohte. Noch während Gandhi sich um eine friedliche Lösung bemühte, begannen einige der Arbeiter zu streiken. Daraufhin schlossen die Fabrikbesitzer die Streikenden aus und entzogen sich dem Vermittlungsverfahren. Unter den Arbeitgebern war auch jener Mann, der einst mit seiner Spende den Ashram gerettet hatte. Doch nun organisierte Gandhi gegen ihn den Widerstand. Er forderte alle Textilarbeiter auf, den Fabriken so lange fernzubleiben, bis ihnen eine angemessene Lohnerhöhung gewährt würde. Jeden Abend hielt er am Ufer des Sabarmati-Flusses eine Versammlung ab, auf der Tausende von Arbeitern ihren entsprechenden Schwur erneuerten. Als die Front allmählich bröckelte, begann Gandhi zu fasten, um den Entschluss der Streikenden zu festigen. Es war sein erstes Fasten um einer öffentlichen Sache willen, und es bedeutete für ihn weit mehr als eine Beschwörung seiner Mitstreiter. Gandhi glaubte, dass das Fasten wie auch andere Formen der Askese immense materielle Kräfte freisetzen kann, die positiv auf die Umgebung einwirken. Nicht zuletzt war jedes Fasten für ihn immer auch ein Mittel der Einkehr. Er brauchte die Askese, um zu der Wahrheit in seinem Inneren vorzudringen und zu einer verlässlichen Intuition zu gelangen. *Ich kann auf das*

Auch nach seiner Rückkehr im Jahr 1915 trug Gandhi einfache indische Kleidung.

Fasten ebenso gut verzichten wie beispielsweise auf meine Augen. Was die Augen für die äußere Welt sind, ist das Fasten für die innere[42], erklärte Gandhi in späteren Jahren.

Was immer Gandhi zu seinem Fasten bewegte, die Fabrikanten fühlten sich durch sein Tun schlicht genötigt. Bereits am dritten Tag boten sie einen Kompromiss an, der zur Beilegung des Streiks führte. Einige Monate später, im Juni 1918, lenkten auch die für den Distrikt Kheda zuständigen Behörden ein und gewährten den ärmeren Bauern einen Steueraufschub. Gandhi hatte sich als Arbeiterführer hervorgetan und wieder einen Sieg zugunsten der Bauern errungen. Er hatte in Gujarat, das wie Bihar bisher keine Hochburg der Nationalisten war, enge Mitarbeiter gewonnen, darunter seinen Sekretär Mahadev Desai und Vallabhbhai Patel – Indiens zukünftigen Innenminister. Die Kampagnen hatten erstmals Gandhis große Ausstrahlung gezeigt. Überall, wo er hinkam, wollten die Menschen den Mahatma sehen, wie er nun immer öfter genannt wurde. Aber die Bewunderung der Menschen kannte durchaus Grenzen: Als Gandhi in der zweiten Jahreshälfte noch einmal von Dorf zu Dorf zog, um auf Bitten des Vizekönigs weitere Rekruten für den Krieg zu werben, verweigerten sich jene, die ihn noch kurz zuvor bejubelt hatten. Zum Erstaunen der Bauern appellierte der Verfechter der Gewaltlosigkeit an sie, den Briten an der Front zu beweisen, dass die Inder der Partnerschaft im Empire würdig seien. Gandhi mit seiner Schwäche für Loyalitätsbekundungen hoffte wieder einmal, dass sich die Treue der Inder nach dem Krieg auszahlen werde. Doch damit traf er auch unter Indiens Politikern auf schieres Unverständnis.

Gandhi war im Jahr 1918 rastlos aktiv gewesen. Bis zur Erschöpfung hatte er sich in mehreren Kampagnen gleichzeitig engagiert, und nachdem er sich während seiner Rekrutierungstour im August eine Durchfallerkrankung zugezogen hatte, erlitt er einen schweren Zusammenbruch. Der 49-Jährige dachte bereits, er müsse sterben, und es dauerte mehrere Monate, bis er seine Krankheit überstanden hatte. Ein Hindernis für die Genesung bestand in Gandhis Verweigerung einer ausgewogenen Diät. Er hatte sich in Südafrika die Zunahme von Milch abgewöhnt, nachdem er irgendwo über die grausame Behandlung von Kühen gelesen hatte. Kasturba überredete ihren Mann, zumindest Ziegenmilch zu trinken, und schließlich willigte er ein, obwohl er fand, dass die Ziegenmilch strikt genommen einen Bruch seines Gelübdes darstellte.

Noch im November war er bettlägerig und konnte nicht an der jährlichen Sitzung des Nationalkongresses teilnehmen. Der Kongress hatte sich kurz zuvor gespalten, weil Tilaks Anhängern die von Indienminister Montagu angekündigte Reform nicht weit genug ging, während die Gemäßigten sich damit begnügen wollten. Gandhi interessierte sich wenig für solche Verfassungsfragen. Weit mehr bewegte ihn eine andere Nachricht: Die Briten fürchteten, dass es nach Kriegsende in Indien zu Unruhen kommt. Die wirtschaftliche Lage war schlecht, und Massen demobilisierter Soldaten mussten integriert werden. Um nun auch in Friedenszeiten weiterhin hart durchgreifen zu können, ließ man unter Vorsitz des Richters Rowlatt Notstandsgesetze ausarbeiten. Nationalisten aller Richtungen protestierten, und Gandhi geriet geradezu außer sich. Die Rowlatt Acts zeigten, dass man den Indern misstraute und ihren Einsatz im Krieg nicht honorierte. Gandhis Rekrutierungskampagne wirkte im Nachhinein geradezu lächerlich. *Für mich sind die Gesetzentwürfe schwere Symptome einer tiefsitzenden Krankheit*, erklärte er. Die britische Regierung habe *nicht die geringste Absicht, auch nur ein Jota ihrer unumschränkten Macht aufzugeben. Wenn die Verwaltung ihre eiserne Herrschaft über uns aufrechterhalten und der britische Handel seine gegenwärtige unheilvolle und privilegierte Position behalten sollte, hat es keinerlei Wert, die [Verfassungs-]Reformen zu bekommen. Ich betrachte die Gesetzentwürfe als eine offene Herausforderung an uns.*[43]

Trotz seines angegriffenen Gesundheitszustands drängte es den ruhelosen Gandhi, aktiv zu werden. *Es scheint, dass mir der größte Kampf meines Lebens bevorsteht*[44], schrieb er im Februar 1919 an einen Gefährten. Zur Koordinierung dieses Kampfs gründete er die Satyagraha Sabha, eine Versammlung, die auch viele Mitglieder der Home Rule League anzog. Diese war eine von Annie Besant und Tilak initiierte Bewegung, welche nach dem Vorbild des irischen Freiheitskampfs Autonomie für Indien forderte. Sie fand zahlreiche Anhänger unter Indiens Nationalisten, und so-

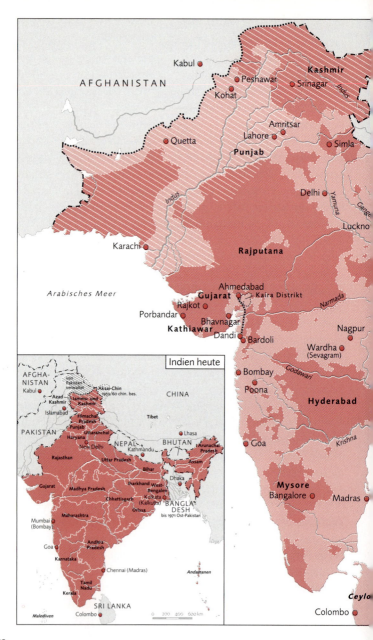

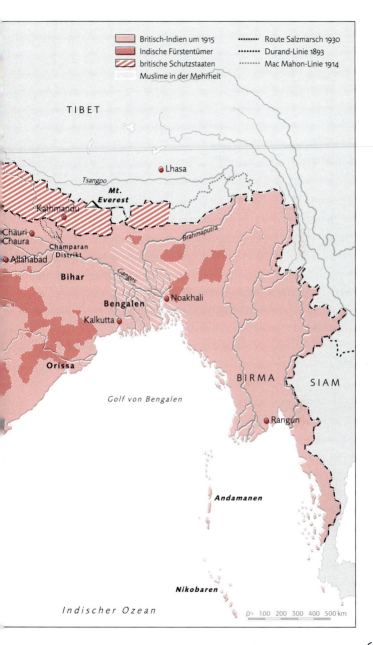

gar der Muslim-Führer Jinnah engagierte sich darin. Annie Besant und andere Politiker betrachteten Gandhis Pläne nicht nur wegen der Unterwanderung ihrer Home Rule League skeptisch. Sie bezweifelten, dass Satyagraha in Indien funktioniert.

Gandhi plante, den Protest mit einem Tag der Selbstreinigung einzuläuten, einem Hartal, wie die Aktion genannt wurde: *Alle Menschen in Indien sollen an diesem Tag ihre Geschäfte ruhen lassen und den Tag zu einem Tag des Fastens und Betens machen.*[45] Der Aufruf stieß vor allem in Bombay und anderen Städten auf große Resonanz. Doch Gandhi hatte zu wenig geschulte Satyagrahis, um die Aktionen überall vor Ort zu lenken. Und so fand der Hartal in Delhi einige Tage zu früh statt, weil die Nachricht von der Verschiebung zu spät eintraf. Dort und in einigen anderen Gegenden kam es zu Zusammenstößen mit der Polizei. Als Gandhi auf dem Weg nach Delhi in Gewahrsam genommen und nach Bombay zurückverfrachtet wurde, sorgten Gerüchte um seine Verhaftung für weitere Ausschreitungen. Besonders im Panjab, wo kurz zuvor zwei prominente Politiker verhaftet worden waren, griffen Demonstranten zu Gewalt. Der britische General Reginald E. H. Dyer beschloss daraufhin, den Bewohnern der Stadt Amritsar ein für alle Mal eine Lektion zu erteilen: Als sich am 13. April Tausende Inder auf dem Jallianwala Bagh, einem von Mauern umschlossenen Platz, versammelten, ließ der General seine Soldaten ohne Vorwarnung auf die unbewaffnete Menge feuern. Innerhalb von zehn Minuten töteten sie fast 400 Menschen. Statt dieses Massaker zu ahnden, ließ der Gouverneur der Provinz das Kriegsrecht verhängen. Es kam zu willkürlichen Verhaftungen, Verdächtige wurden öffentlich ausgepeitscht, und in einer Straße Amritsars, wo der Mob eine britische Lehrerin überfallen hatte, zwang General Dyer jeden indischen Passanten, auf allen vieren zu kriechen. Gandhi war entsetzt über die Brutalität der britischen Beamten. Ebenso aber bestürzte ihn die Gewaltbereitschaft seiner Landsleute. Im Nachhinein erschien ihm seine Kampagne als ein *Fehler von der Größe des Himalaya*[46].

Der Protest war in Gewalt geendet, die Rowlatt-Gesetze wurden nicht zurückgenommen – insofern war Gandhis erste landesweite Satyagraha-Kampagne zweifellos kein Erfolg. Doch mit seiner Aktion stieg er zu einem gesamtindischen Führer auf. Seit seiner Rückkehr nach Indien vor gut vier Jahren hatte Gandhi im Hintergrund gearbeitet und außerhalb des Nationalkongresses seine eigene Mannschaft rekrutiert. Nachdem er im Mai 1919 die Herausgeberschaft zweier Wochenzeitungen, der englischsprachigen *Young India* sowie der auf Gujarati erscheinenden *Navajivan*, übernommen hatte, besaß er zudem ein eigenes Sprachrohr. Spätestens jetzt war jedem klar, dass in der nationalen Politik mit Gandhi zu rechnen war. *Meine Neigung ist nicht politisch, sondern religiös, und ich beteilige mich an der Politik, weil ich glaube, dass es keinen Lebensbereich gibt, der von der Religion getrennt werden kann, und weil Politik die vitale Existenz Indiens in fast jedem Punkt betrifft*[47], schrieb er im August 1919. *[...] Politik umgibt uns heute wie die Windungen einer Schlange, aus denen man sich nicht befreien kann, wie sehr man es auch versucht. Deshalb will ich den Kampf mit der Schlange aufnehmen [...].*[48]

Keine Herrschaft ohne Beherrschte: die Nichtzusammenarbeitskampagne

Ende 1919 übernahm Gandhi seine erste wichtige Rolle im Nationalkongress. Er beteiligte sich an der Arbeit einer Kommission, die die Gewalt im Panjab untersuchte, und wurde bald zu ihrem einflussreichsten Mitglied. Drei Monate lang informierte er sich gründlich vor Ort und sorgte dafür, dass der Bericht, den der Nationalkongress im März 1920 veröffentlichte, nur erwiesene Tatsachen enthielt. Der Bericht legte sachlich genau seine Fakten vor und zeigte dadurch nur noch überzeugender, dass General Dyer das Massaker auf dem Jallianwala Bagh offenbar ganz bewusst inszeniert hatte.

Dieser Erfolg ließ Gandhis Ansehen im Kongress merklich steigen. Ein anderes Thema indes, das Gandhi in jener Zeit umtrieb, sorgte unter vielen Politikern für Befremden. Die konservativen Muslime Indiens, die den türkischen Kalifen als ihr geistiges Oberhaupt verehrten, fühlten sich zutiefst verletzt, seit die Briten den Kalifen als weltlichen Herrscher entmachtet hatten. Gandhi glaubte nach seiner erfolgreichen Zusammenarbeit mit den indischen Muslimen Südafrikas, auch in Indien die Einheit von Hindus und Muslimen bewirken zu können, und entschloss sich daher, die Khilafat-Bewegung zur Verteidigung des Kalifen zu unterstützen. Er schlug den Muslimen vor, der Regierung durch eine Kampagne der Nichtzusammenarbeit ihren Protest zu demonstrieren. Schon bald darauf wuchs der Einfluss radikaler muslimischer Wortführer, die Gandhi nur halbherzig folgten und auf Taten drängten. Hinzu kam, dass die Regierung im Mai 1920 ihren eigenen, in den Augen vieler Nationalisten beschönigenden Bericht über die Vorfälle im Panjab vorlegte und damit die Stimmung unter den indischen Nationalisten aufheizte. Angesichts der raschen Entwicklungen entschied sich Gandhi, zu handeln und am 1. August den Beginn der Nichtzusammenarbeitskampagne auszurufen, noch bevor im September eine

Sondersitzung des Nationalkongresses über die Beteiligung an seinem Nichtzusammenarbeitsprogramm befinden konnte.

Gandhi sandte die Orden, die man ihm für seine Kriegseinsätze in Südafrika verliehen hatte, an den Vizekönig zurück und forderte seine Landsleute auf, es ihm gleichzutun und den Kolonialherren ihre Kooperation aufzukündigen: Rechtsanwälte sollten ihre Tätigkeit an britischen Gerichten stoppen, Politiker die Landtagswahlen boykottieren und Studenten die englischen Colleges verlassen. In einem späteren Schritt sollten dann auch Steuerverweigerungen und andere Akte des bürgerlichen Ungehorsams folgen. Viele im Nationalkongress schreckten vor einem Boykott von Schulen und Gerichten zurück und sorgten sich, dass alles, was man politisch bislang erreicht hatte, durch Gandhis Programm zerstört werden könnte. Trotz dieser Bedenken gelang es Gandhi, auf der Sondersitzung in Kalkutta eine, wenn auch äußerst knappe, Mehrheit für die Kampagne zu gewinnen. In seinem Eifer versprach er den Versammelten sogar, dass sich mit seinen Methoden Swaraj innerhalb eines Jahres erlangen ließe.

Zu Gandhis Kritikern gehörte auch der bedeutende Muslim-Führer Jinnah. Jinnah war ein erfolgreicher, stets in westliche Maßanzüge gekleideter Anwalt mit Sympathien für die Liberalen und hatte wenig für Gandhis neue Methoden übrig, schon gar nicht für die Khilafat-Bewegung, die er für reaktionär und gefährlich hielt. Eine Zusammenarbeit zwischen Gandhi und Jinnah wäre für den weiteren Verlauf des Unabhängigkeitskampfes von großer Bedeutung gewesen. Doch die Beziehung der beiden so ungleichen Männer hatte 1915 bereits mit einem Affront begonnen: Als Jinnah auf einem Empfang zu Ehren Gandhis eine eloquente Rede auf Englisch gehalten hatte, war ihm der Geehrte ins Wort gefallen und hatte ihn gebeten, auf Gujarati fortzufahren. Dass Gandhi in der Folgezeit Frau Jinnah brieflich drängte, ihren Mann von seiner Vorliebe für englische Ansprachen zu kurieren, machte die Sache nicht gerade besser. Zu einem deutlichen Bruch zwischen den beiden Politikern kam es kurz nach der Sondersitzung des Kongresses, als Gandhi die Home Rule League, deren Präsident er seit einigen Monaten war, nach sei-

Mohammed Ali Jinnah, um 1918

nen Vorstellungen umkrempelte. Jinnah und andere Mitglieder protestierten, weil auf der Versammlung, die Gandhis Reformen absegnete, nur 61 von rund 6000 Mitgliedern anwesend waren. Vor allem aber sorgten sie sich, durchaus zu Recht, dass Gandhi zu gewaltfreien, aber möglicherweise nicht gesetzeskonformen Protestformen greifen wollte. Der Aktivist Gandhi appellierte: *[...] das Land bewegt sich jetzt so rasch voran, dass die Führer es schwer haben, Schritt zu halten. Unter diesen Umständen müssen wir, wie schwer es uns auch fällt, voranschreiten. Indien wird solch eine Gelegenheit in einem Jahrhundert nicht noch einmal haben. Wir können uns nicht erlauben, diese zu verpassen.*[49] Doch Jinnah und andere blieben bei ihren Bedenken und verließen die Home Rule League.

Gandhis Aufruf zur Nichtzusammenarbeit hatte bislang keine heftigen Reaktionen ausgelöst. In den meisten Landesteilen fanden kleine Versammlungen und Aktionen statt, einige

Mohammed Ali Jinnah
1878 in Karachi geboren, studierte Jinnah wie Gandhi Rechtswissenschaft in London. Er wurde stark vom britischen Liberalismus beeinflusst und vertrat nach seiner Rückkehr im britisch-indischen Zentralparlament erfolgreich die Interessen der indischen Muslime. Jinnah bemühte sich um die Einheit von Hindus und Muslimen und trat der Muslim-Liga 1913 nur unter der Bedingung bei, dass deren Ziele nicht mit denen des Nationalkongresses kollidierten. Nachdem er sich 1920 sowohl aus der Home Rule League als auch aus dem Nationalkongress zurückgezogen hatte, weil ihn Gandhis radikale Methoden abstießen, blieb Jinnah mehrere Jahre im politischen Abseits. Erst Ende der 1930er Jahre sollte er als Führer der Muslim-Liga auf die politische Bühne zurückkehren und angesichts der Konfrontation mit Gandhis Nationalkongress zum Architekten des separaten Muslim-Staates Pakistan werden.

tausend Studenten verließen ihre Colleges, doch nur wenige Inder gaben ihre Titel zurück oder schlossen ihre Anwaltspraxis. Der Boykott der Landtagswahlen im November verlief regional unterschiedlich. Fast überall aber zogen die Kongressleute ihre Kandidatur zurück. Und nachdem sie ihren politischen Gegnern das Feld hatten überlassen müssen, entschlossen sich die meisten von ihnen, auf der regulären Kongresssitzung aktiv Gandhis Kampagne zu unterstützen.

Nachdem Tilak am 1. August gestorben war und Annie Besant inzwischen ein Alter von 73 Jahren erreicht hatte, kamen aus den alten politischen Hochburgen gegenwärtig keine starken Führer, die Gandhis Triumph in Nagpur hätten aufhalten können. «Es besteht nicht der geringste Zweifel, dass dies ein Gandhi-Kongress ist»[50], berichtete die «Bombay Chronicle» von der Sitzung. Die Versammelten stimmten dieses Mal nicht nur mit großer Mehrheit seiner Kampagne zu, sondern segneten ganz nebenbei auch noch eine Änderung des Kongressstatuts ab, die langfristig weit bedeutender werden sollte als die Kampagne. Die Reform, an deren Entwurf Gandhi das ganze Jahr gearbeitet hatte, sah vor, dass der Kongress bis auf die Bezirksebene organisiert wurde und jeder Landesteil fortan eine genau nach seiner Bevölkerungsgröße bemessene Zahl von Delegierten zu den jährlichen Sitzungen entsenden sollte. Die Landesverbände wurden entlang der indischen Sprachgrenzen neu geordnet, da der Kongress nach Gandhis Ansicht nur in der jeweiligen Landessprache die Bevölkerung wirklich erreichen könne. Außerdem schuf er ein Working Committee, einen aus 15 Mitgliedern bestehenden ständigen Arbeitsausschuss, der landesweite Kampagnen lenken und als eine Art nationales Kabinett fungieren sollte. Gandhi verstand den Kongress, auch wenn er bei Wahlen antrat, nicht als eine Partei, sondern als eine Alternative zu den britisch-indischen Regierungsinstitutionen. Bislang war der Nationalkongress eher ein loser Debattierklub der Bildungselite gewesen. Gandhi, der durch seine lokalen Kampagnen Anhänger aus ganz neuen Bevölkerungsschichten und Regionen gewonnen hatte, formte den Kongress zu einer effektiven Massenorganisation, die das ganze Jahr über landesweit arbeiten konnte.

Nach der Kongresssitzung in Nagpur reiste Gandhi durchs Land und warb für sein Programm der Nichtzusammenarbeit. Er betonte dabei nun zunehmend reformerische Themen wie den Verzicht auf Alkohol und die Hinwendung zu einheimischen Produkten *(swadeshi)*. Mit großer Leidenschaft propagierte er das Handspinnen und rief dazu auf, nur noch handgefertigte Stoffe zu tragen. Er selbst hatte seine Kleidung aus Solidarität mit den Armen inzwischen auf ein selbstgesponnenes Lendentuch und gelegentlich einen Umhang reduziert. Täglich spann er 30 Minuten an dem eigens für ihn angefertigten tragbaren Spinnrad, ganz gleich, ob er gerade hochrangige Gäste empfing oder auf einer Rednertribüne saß. Als die Kampagne Mitte 1921 trotz seines unermüdlichen Einsatzes abflaute, wandte sich Gandhi dem von vielen Nationalisten seit langem geforderten Boykott britischer Waren zu. Das Thema gab der Agitation tatsächlich eine Zeit lang neuen Schwung. Streikposten belagerten Läden für importierte Textilien, und in mehreren Städten organisierten die Aktivisten öffentliche Verbrennungen westlicher Kleidung,

Aufruf zum Boykott ausländischer Textilien, veröffentlicht in der «Bombay Chronicle» vom 30. Juli 1921 an denen sich allein in Bombay 200 000 Menschen beteiligten. Das eigentlich Bemerkenswerte an der Nichtzusammenarbeitskampagne lag vielleicht weniger in dem begrenzten Schaden, den sie den Briten zufügte, sondern in der Wirkung, die sie auf die Inder selbst hatte. Es war die erste landesweite Agitation, die der Nationalkongress organisierte, und sie erzeugte in ganz unterschiedlichen Bevölkerungskreisen das gemeinsame Gefühl, für die indische Nation zu kämpfen. Jeder konnte dies auf seine eigene Weise tun. Man musste keine Gesetze brechen oder ins Gefängnis gehen, sondern konnte sich ebenso als Streikposten vor Alkohol-Shops stellen oder stolz handgesponnene Kleidung tragen, um dabei zu sein.

Gandhi absolvierte während der Kampagne ein schier unglaubliches Arbeitspensum. Oft begann er bereits morgens zwischen halb vier und fünf Uhr seine umfangreiche Korrespondenz und beantwortete selbst Briefe von unbekannten Landsleuten. Unentwegt sprach er auf Versammlungen, traf Politiker und verfasste Artikel. Ein indischer Student, der während des Einsatzes in Gandhis Nähe arbeitete, war erstaunt, wie belastbar der kleine, hagere Mann war: «Ständig drängten sich so viele Leute um ihn, dass er, sobald er zufällig ein paar freie Augenblicke erwischte, diese ganz zur Lektüre und zum Schreiben nutzte. Es war einfach erstaunlich zu sehen, wie er inmitten all des Durcheinanders einen kühlen Kopf bewahrte und seinen geplanten Arbeitsablauf verfolgte. Gewöhnliche Menschen würden unter solchen Umständen verrückt werden. [...] So eine vollkommene Beherrschung des Geistes schien mir einzigartig.» [51]

Viele, die mit Gandhi arbeiteten, waren von dem eigenwilligen Asketen fasziniert. Nicht nur einfache Leute, sondern auch gebildete junge Politiker wie Jawaharlal Nehru fühlten sich von seiner Persönlichkeit angezogen. Nehru, Sohn des berühmten Anwalts und Politikers Motilal Nehru, hatte in Cambridge studiert und sollte später Indiens erster Premierminister werden. In seiner Autobiographie erinnert er sich, wie schwierig es manchmal für ihn und andere modern denkenden Landsleute war, Gandhi zu verstehen. «Aber wir hatten das Gefühl, ihn gut genug zu kennen, um zu merken, dass er ein großartiger, einzigartiger Mensch und ein glanzvoller Führer war. Wir setzten unser Vertrauen in ihn und gaben ihm beinahe einen Blankoscheck, zumindest vorerst. Oft diskutierten wir untereinander über seine Marotten und Eigenheiten und sagten, halb im Scherz, dass diese nach der Unabhängigkeit nicht unterstützt werden dürften.»[52] Wenn auch die Zahl der wirklich überzeugten Anhänger, die nach Gandhis Vorbild lebten, eher gering blieb, so wurde er doch von vielen Indern wie ein heiliger Mann verehrt. Manchmal stoppten die Menschen selbst nachts Züge, in denen er saß, um mit eigenen Augen jenen Mahatma zu sehen, von dem sie so viel gehört hatten. «An jeder Station kamen Bauern mit langen Stöcken und Taschenlampen in der Hand zu uns und brachen in ohrenbetäubendes Rufen aus», erinnert sich Gandhis Sekretär Mahadev Desai an eine gemeinsame Reise. «Einige von ihnen drängten sich in unser Abteil und brüllten: ‹Wer ist Mahatma Gandhiji?› ‹Wer ist Mahatma Gandhiji?› Ich war verzweifelt und sagte: ‹Ich.› Sie waren zufrieden, verneigten sich vor mir und verließen das Abteil!»[53]

Einer der wenigen Landsleute, die Gandhi während der Kampagne öffentlich kritisierten, war Rabindranath Tagore. Auch der Dichter hielt politischen Widerstand für nötig, doch er fürchtete, dass Gandhis Agitation engstirnigen Nationalismus und blinde Gewalt entfesseln werde. Tagore hatte auf seinen Reisen in den Westen viele seelenverwandte Menschen kennengelernt und war davon überzeugt, dass man die Fesseln der nationalen Egoismen abstreifen und das Miteinander aller Völker fördern müsse. Besonders Gandhis Boykott von Schulen und seine Ablehnung des modernen westlichen Denkens schreckten den Kosmopoliten Tagore ab. Tagore war beeindruckt davon, wie Gandhi das Herz der Inder erreichte, aber er kritisierte, dass er mit seiner religiösen Sprache und seinen Ritualen die Irrationalität unter den einfachen Menschen fördere, anstatt sie zu selbstdenkenden Individuen zu erziehen. Gandhis Kampagne verlange Uniformität und verbreite «ein Klima der Tyrannei»[54], klagte Tagore. Dem Künstler, der die Schönheit und das Leben in all seiner Vielfalt liebte, erschienen Gandhis Selbstkasteiung und seine strenge Moral bisweilen geradezu bedrohlich. Nach Tagores Ansicht

Gandhi und der Dichter Rabindranath Tagore, 1920 in Ahmedabad

sollten Wissenschaftler, Dichter oder Bauern jeder auf ihre Weise zur Erneuerung des Landes beitragen. Doch Gandhi «sagt zu jedem bloß: Spinne und webe! Spinne und webe!»[55].

Gandhi schätzte, dass Tagore ehrlich seine Meinung sagte, aber er wies die Kritik des Dichters zurück. Er kämpfe nur gegen eine erzwungene Verbindung mit dem Westen: *[…] Nichtzusammenarbeit soll den Weg zu wahrer, ehrenvoller und freiwilliger Zusammenarbeit bereiten, die auf gegenseitigem Respekt und Vertrauen basiert. […] Ein Indien, das Europa hilflos zu Füßen liegt, kann der Menschheit keine Hoffnung geben. Ein Indien, das erwacht und sich befreit, kann der leidenden Welt eine Botschaft des Friedens und des guten Willens bringen.*[56] Des Weiteren bestand Gandhi darauf, dass sich alle dem Spinnrad zuwenden müssten. *Hunger ist das Argument, das Indien ans Spinnrad treibt. […] Ein Plädoyer für das Spinnrad ist ein Plädoyer für die Anerkennung der Würde der Arbeit.*[57] Gandhi hatte keinen Sinn für die Kunst. Literatur war für ihn vor allem ein Mittel zur Erziehung der Massen, und so erklärte er dem Dichter: *Die hungernden Millionen verlangen nur nach einem Gedicht – nach stärkender Nahrung.*[58]

Tagore hatte zweifellos recht, dass Gandhis «Kult des Spinnrads», wie er es nannte, Indiens ökonomische Probleme nicht lösen konnte und dass Gandhis Methoden irrationale Tendenzen förderten. Doch gleichzeitig lag in diesem Kult ein wichtiger Schlüssel zu Gandhis Erfolg. Das Spinnrad war ein Sinnbild der Selbstversorgung und damit der Unabhängigkeit von den Briten. Mit seinem sicheren Gespür für wirksame Symbole hatte Gandhi im Handspinnen etwas gefunden, das alle Inder praktizieren konnten. Reiche Inder konnten, indem sie spannen, Solidarität mit den einfachen Landsleuten empfinden, Muslime und Hindus, Tamil- oder Hindisprecher, jeder konnte Khadi tragen und so seine Sympathie mit der nationalistischen Sache zum Ausdruck bringen. Die handgesponnene Kleidung wurde zum Symbol einer unabhängigen indischen Gesellschaft und geradezu eine Uniform der Kongressmitglieder. Indem Gandhi die Einheit der indischen Nation und die Größe der alten indischen Zivilisation beschwor, gab er seinen Landsleuten weit mehr als die Aussicht, dass anstelle der Briten bald Inder in der Regierung sitzen würden. Er stellte dem kulturellen Sendungsbewusstsein der Briten seine eigene Vision entgegen und gab den jungen Indern das berauschende Gefühl, für ein hohes moralisches Ziel zu kämpfen, für das selbst angesehene Inder wie die Nehrus nun bereitwillig ins Gefängnis gingen.

Es saßen bereits etliche Kämpfer in Haft, als die Regierung in London entschied, Ende 1921 den Kronprinzen auf eine Indienreise zu schicken. Um im Vorfeld dieses Besuchs für Ruhe zu sorgen, bot Vizekönig Lord Reading den Nationalisten eine Konferenz am Runden Tisch an. Zunächst sollten sich allerdings die Führer der verschiedenen politischen Gruppen auf ihre Forderungen an den Vizekönig einigen. Gandhi wurde seit längerem von Mitstreitern bedrängt, zum bürgerlichen Ungehorsam, also zum offenen Gesetzesbruch, überzugehen. Er beteiligte sich an der Vorkonferenz; doch da er sich seinen inhaftierten Mitstreitern zu einer unnachgiebigen Haltung verpflichtet fühlte, war ein Kompromiss mit den anderen Politikern unmöglich. Am 1. Februar kündigte Gandhi schließlich dem Vizekönig an, dass er den bürgerlichen Ungehorsam initiieren werde, und machte

Während der Nichtzusammenarbeitskampagne am 22. Juli 1922, die unter anderem das Handspinnen propagierte, konnte Gandhi auch zahlreiche Muslime mobilisieren.

sich an die Planung einer Grundsteuerverweigerungskampagne. Da fiel in dem nordindischen Dorf Chauri Chaura eine wütende Menge über 21 Polizisten her und steckte die örtliche Polizeistation mitsamt den darin eingesperrten Beamten in Brand. Als Gandhi von der Ermordung der Polizisten erfuhr, drängte er den Arbeitsausschuss, die Kampagne sofort abzusagen; denn er fürchtete eine Spirale der Gewalt. Viele Nationalisten waren enttäuscht von dem bisherigen Erfolg der Kampagne und hatten keinerlei Verständnis, dass Gandhi den Kampf nun wegen eines in ihren Augen so unbedeutenden Zwischenfalls abbrach.

Die Regierung in Delhi hatte lange gezögert, Gandhi zu verhaften; denn man wollte ihn nicht zum Märtyrer machen. Am 10. März 1922 jedoch ließ der Vizekönig ihn, nicht zuletzt auf Druck Londons, endlich festnehmen. Man klagte ihn formell wegen dreier Artikel in der *Young India* an, die Hass und Illoyalität gegenüber der Regierung verbreitet hätten. Gandhi, der bei Gericht als seinen Beruf *Bauer und Weber* angab, erklärte: *Ich habe nicht die geringste Absicht, dem Gericht die Tatsache zu verbergen, dass es beinahe eine Leidenschaft von mir geworden ist, Illoyalität gegenüber dem gegenwärtigen Regierungssystem zu predigen [...]. Ich möchte alle Vorwürfe bestätigen, die der gelehrte Staatsanwalt im Zusammenhang mit den Ereignissen in Bombay, Madras und Chauri Chaura auf meine Schultern geladen hat. [...] Ich wusste, dass ich mit dem Feuer spiele. Ich bin das Risiko eingegangen, und wenn man mich freiließe, würde ich es wieder tun. [...] Ich wollte Gewalt verhindern. Gewaltlosigkeit ist der erste Artikel meines Glaubens. Und sie ist auch der letzte Artikel meines Glaubens. Aber ich musste mich entscheiden. Ich musste mich entweder einem System unterwerfen, das meinem Land nach meiner Ansicht irreparablen Schaden zugefügt hat, oder das Risiko eingehen, dass sich der wilde Zorn meiner Leute entlädt, wenn ich ihnen die Wahrheit sage.*[59] Anschließend verlas Gandhi eine Stellungnahme, in der er erläuterte, wie er von einem unerschütterlichen Loyalisten zu einem kompromisslosen Nichtzusammenarbeiter *(non-cooperator)* geworden sei. Er schilderte, welchen Schock ihm die Rowlatt-Gesetze versetzt hatten, und gemahnte an das Massaker im Panjab, das großteils ungeahndet geblieben war, sowie an die verletzten Gefühle seiner muslimischen Landsleute. Die Reformangebote der Briten, so sei ihm klar geworden, zeugten nicht von einem Wandel in ihren Herzen, sondern waren lediglich ein taktisches Mittel zur Aufrechterhaltung ihrer Herrschaft. *Nach meiner bescheidenen Meinung ist Nichtzusammenarbeit mit dem Übel ebenso eine Pflicht wie die Zusammenarbeit mit dem Guten. [...] Gewaltlosigkeit schließt ein, sich freiwillig der Strafe für die Nichtzusammenarbeit mit dem Übel zu unterwerfen. Deshalb bin ich hier, um die höchste Strafe zu erbitten und freudig auf mich zu nehmen, die mir auferlegt werden kann für das, was nach dem Gesetz ein vorsätzliches Verbrechen ist und mir als die höchste Pflicht eines Bürgers erscheint.*[60]

Der Richter bekannte, dass er es noch nie mit einem Angeklagten wie Gandhi zu tun gehabt habe. Er sah sich gezwungen, analog zum Fall Tilak eine Haftstrafe von sechs Jahren zu verhängen. Wenn allerdings «der Verlauf der Ereignisse in Indien es der Regierung ermöglichen sollte, die Haftzeit zu verringern», so bekannte der Richter abschließend, «wäre darüber niemand erfreuter als ich».[61] Gandhi empfand es als Ehre, die gleiche Strafe wie einst Tilak zu erhalten. Überhaupt erschien die Haft nach den Anstrengungen der letzten Monate ein regelrechter Segen. Die erzwungene Ruhe bewahrte Gandhi vor dem Kollaps und entband ihn in einer schwierigen Lage von der politischen Verantwortung. Die trugen nun wieder andere.

Ringen mit radikalen Fragen: Gandhis Kampf abseits der politischen Bühne

Die Haft bot Gelegenheit zu ausgiebigem Spinnen und zum Studieren. Gandhi nahm sich vor, mehr Tamil, Sanskrit und Urdu, die Sprache der indischen Muslime, zu lernen, und er las über hundert Bücher, die er von Freunden bekam oder in der Gefängnisbibliothek auslieh. Darunter waren europäische Geschichtswerke, Bücher über das Leben Mohammeds und über andere Weltreligionen. Mit Hingabe widmete er sich der hinduistischen Literatur. Bereits in Südafrika hatte er begonnen, beim morgendlichen Zähneputzen die Bhagavadgita auswendig zu lernen. Nun las er auch die Upanishaden und die beiden großen Epen, das «Ramayana» sowie das rund hunderttausend Doppelverse umfassende «Mahabharata». Gandhi schätzte die alten Schriften,

Das Yeravda-Gefängnis in Poona

doch er weigerte sich, jedes Wort darin als göttliche Wahrheit aufzufassen. Wo die Texte dem Verstand oder der Moral widersprachen, durfte man sich nicht durch sie gebunden fühlen.

Gandhi war ein Reformer, wenngleich er sich selbst gern als orthodoxen Hindu bezeichnete. Seine Religion lehre ihn, so schrieb er, dass jeder Mensch Gott gemäß seinem eigenen Glauben verehren solle. *Sie lehrt mich nicht, dafür zu beten, dass andere glauben mögen wie ich, sondern dafür, dass sie sich in ihrer eigenen Religion voll entwickeln. Daher bete ich für einen Christen oder Muslim, dass er ein besserer Christ oder Muslim wird. Ich bin überzeugt, ja ich weiß, dass Gott uns nicht fragen wird oder jetzt fragt, wie wir uns nennen, sondern, was wir sind, das heißt: was wir tun.*[62] In gewisser Hinsicht war diese Toleranz durchaus typisch für einen Hindu, kennt der Hinduismus doch keine für alle bindenden Schriften, keine Kirche oder zentrale Autorität. «Hinduismus» ist eine ursprünglich von außen geprägte Sammelbezeichnung für zahlreiche, teilweise sehr unterschiedliche religiöse Traditionen. Es hat im Laufe der Geschichte immer wieder wechselseitige Beeinflussungen und Versuche theologischer Systematisierung gegeben. In besonderem Maß aber bemühten sich darum nun die kolonialzeitlichen Reformer. Sie waren auf der Suche nach einer einheitlichen, modernen Hindu-Identität, mit der man dem kulturellen Sendungsbewusstsein der Briten und überhaupt dem ganzen Rest der Welt selbstbewusst entgegentreten konnte.

Wie viele Reformer hatte Gandhi wenig für aufwendige Rituale und Götterverehrungen übrig. Er glaubte an die Wiedergeburt und daran, dass der Mensch eins ist mit Gott und allen Lebewesen. Der Mensch war Teil einer kosmischen Ordnung und einer Gemeinschaft wechselseitig abhängiger Wesen, in der

Wir bestrafen Diebe, weil wir meinen, dass sie uns peinigen. Sie mögen von uns ablassen; doch sie werden sich nur einem anderen Opfer zuwenden. Dieser andere ist auch ein menschliches Wesen, wir selbst in anderer Gestalt. Und so sind wir in einem Teufelskreis gefangen. [...] Wir müssen uns bemühen, Mittel und Wege zu ersinnen, wie wir sie für uns gewinnen können. Dies ist der Pfad der Ahimsa. Er mag uns fortdauerndes Leid und das Kultivieren endloser Geduld abfordern. Wenn dies beides erfüllt ist, muss der Dieb am Ende von seinem bösen Tun ablassen, und wir werden eine klarere Vision der Wahrheit gewinnen.

M. K. Gandhi in einem Brief im Juli 1930, CWMG, Bd. 44, S. 58

es niemals ohne Folgen für das Ganze bleiben konnte, wenn der Einzelne sündigt oder etwa durch Fasten an spiritueller Kraft gewinnt. Mit großer Leidenschaft trat Gandhi für den Schutz der Kuh ein, die in ganz Indien als treue Helferin des Menschen verehrt wird. Für Gandhi symbolisierte sie die *ganze nichtmenschliche Welt. In der Kuh soll der Mensch sein Einssein mit allem Lebendigen erkennen. [...] Der Schutz der Kuh bedeutet den Schutz der ganzen stummen Schöpfung Gottes.*[63]

Einen besonderen Stellenwert nimmt in Gandhis religiösem Denken der Begriff der Wahrheit ein: *Diese Wahrheit ist nicht nur Wahrhaftigkeit im Reden, sondern auch Wahrhaftigkeit im Denken, und nicht nur die relative Wahrheit unserer Vorstellung, sondern die Absolute Wahrheit, das Ewige Prinzip, das heißt Gott. Es gibt unzählige Definitionen von Gott, weil seine Manifestationen unzählige sind. Sie überwältigen mich in Bewunderung und Ehrfurcht und betäuben mich für einen Augenblick. Doch ich verehre Gott nur als Wahrheit.*[64] Er habe Gott noch nicht gefunden, aber auf seiner Suche immer wieder Schimmer von ihm erhascht. Ein Funke der göttlichen Wahrheit befinde sich auch in jedem Menschen und offenbare sich in dem, *was einem die Stimme im Inneren sagt*[65]. Weit mehr als allen Ratschlägen von Freunden, als Büchern oder den sogenannten Lehren aus der Geschichte folgte Gandhi dieser inneren Stimme. Um zu einer verlässlichen Intuition zu gelangen, waren für ihn Askese und Gewaltlosigkeit unentbehrlich. Satyagraha, das «Festhalten an der Wahrheit», bedeutete weit mehr als eine politische Strategie. In dem lebenslangen Streben nach der Wahrheit finde der Mensch seine Erfüllung: *Das höchste Ziel des Menschen ist die Erkenntnis Gottes. All seine Handlungen, soziale, politische, religiöse, müssen von dem Anblick Gottes als höchstem Ziel geleitet sein. Der unmittelbare Dienst an allen Menschen ist notwendiger Teil dieses Strebens, aus dem einfachen Grund, weil der einzige Weg, Gott zu finden, darin liegt, ihn in seiner Schöpfung zu erkennen und eins mit ihr zu sein. [...] Wenn ich mich überzeugen könnte, dass Er in einer Himalaya-Höhle zu finden ist, würde ich mich umgehend dorthin begeben. Aber ich weiß, dass ich Ihn nirgendwo anders als in der Menschheit finden kann.*[66] Diese starke Betonung der Sozialethik, die nicht zuletzt auf christliche Einflüsse zurückgehen dürfte, führte so weit, dass Gandhi einmal schrieb: *[...] das Wesen der Religion ist die Moralität.*[67]

Gandhis Studien fanden Anfang 1924 ein vorzeitiges Ende, als er, geschwächt von einer Blinddarmoperation, bereits nach knapp zweijähriger Haft entlassen wurde. Einige Mitglieder des Nationalkongresses, angeführt von Motilal Nehru und Chittaranjan Das, hatten inzwischen die Swaraj-Partei gegründet und sich in die Landtage wählen lassen. Man wollte dort nicht kooperieren, sondern die Nutzlosigkeit des von den Briten gewährten konstitutionellen Rahmens vorführen. Gandhi lehnte dieses Unterfangen ab und wurde nach seiner Entlassung zum Wortführer derjenigen, die an dem alten Nichtzusammenarbeitsprogramm festhielten. Er war bereit, wieder die Führung zu übernehmen, aber nur, sofern der Kongress zu seiner Strategie zurückkehrt. Auf einer Sitzung im Juni 1924 forderte er unter anderem, dass jene, die in den Landtagen aktiv waren, ihre Kongressämter aufgeben und dass der Mitgliedsbeitrag künftig in Form einer bestimmten Menge selbstgesponnenen Garns erbracht werden solle. Nach heftigen Diskussionen konnte Gandhi seinen Garnbeitrag durchsetzen, es sollte allerdings keine Sanktionsmöglichkeiten gegen säumige «Zahler» geben. Besonders erschütterte ihn, dass er nur eine äußerst knappe Mehrheit für eine Resolution zur Verurteilung terroristischer Gewalt bekam. Während seiner Abschlussworte brach Gandhi öffentlich in Tränen aus, und er beschloss, Motilal und den anderen die Führung zu überlassen.

Da der Nationalkongress in seinen Augen jedoch die einzig repräsentative Vertretung der Inder war und eine Spaltung nur den Briten nutzen konnte, bemühte sich Gandhi in den folgenden Monaten um die Einheit des Kongresses und stimmte einer offiziellen Einstellung der Nichtzusammenarbeitskampagne zu. Er duldete sogar, dass der Garnbeitrag auch aus gekauftem handgesponnenem Garn bestehen durfte und bald darauf ganz abgeschafft wurde. Es war eine deutliche politische Niederlage, die Gandhi nach seiner Haftentlassung erlitten hatte. Gleichzeitig lag darin für ihn eine Chance, sich endlich jenen Problemen zuzuwenden, die er für die dringlichsten Aufgaben Indiens hielt: der Beseitigung der Unberührbarkeit, der Verbreitung des Handspinnens und der Überwindung der Hindu-Muslim-Konflikte.

In den vergangenen Jahren war es immer häufiger zu lokalen Ausschreitungen zwischen Hindus und Muslimen gekommen. Diese standen nicht selten in Verbindung mit ökonomischen Konflikten. Aber auch auf der politischen Ebene hatten sich die Spannungen verschärft. Gandhis Bündnis mit den muslimischen Führern war zerbrochen, und die Beteiligung der Muslime am Nationalkongress hatte merklich abgenommen. Viele Muslime waren vom Verlauf der Khilafat-Agitation enttäuscht, umso mehr, als die türkischen Nationalisten 1924 das Amt des Kalifen selbst abschafften. Konfliktstoff bot auch die sogenannte Shuddhi-Bewegung: Aufgeschreckt durch die Missionierungsbemühungen der Muslime und einige Fälle von Zwangsbekehrungen, ersannen Reformer des nordindischen Arya Samaj eine Reinigungsprozedur *(shuddhi)*, mit der ganze Gruppen zum Islam konvertierter Hindus zurückgewonnen werden sollten. Traditionell kannte der Hinduismus weder Mission noch Aufnahmeriten für Mitglieder anderer Religionen.

Die Führer des Nationalkongresses hielten seit Jahrzehnten einen liberalen, säkularisierten Kurs, doch seit Ende des 19. Jahrhunderts hatte sich außerhalb ihres Forums eine wachsende hindunationalistische Strömung entwickelt, die auch manches Kongressmitglied erfasste. Dabei war der Übergang von einem neugewonnenen religiösen Selbstbewusstsein zu einem radikalen Hindu-Chauvinismus mitunter fließend. 1915 formierte sich unter Führung von Madan Mohan Malaviya die Hindu Mahasabha, die «Große Hinduvereinigung». Ihre Mitglieder sahen sich durch die separaten Wählerschaften und andere Zugeständnisse, mit denen die Kolonialherren die muslimische Minderheit an sich zu binden versuchten, provoziert und übten Druck auf den Nationalkongress aus, damit dieser sich den Forderungen der Muslime entgegenstellte. Die Hindu Mahasabha setzte sich auch massiv für den Kuhschutz ein, eine Bewegung, die, wie Gandhi klagte, mittlerweile zu einem Angriff auf die Rindfleisch essenden Muslime verkommen war. Einige Mitglieder der Hindu Mahasabha beteiligten sich 1925 auch an der Gründung des hindunationalistischen Rashtriya Swayamsevak Sangh (RSS), des «Nationalen Freiwilligenbunds», aus dessen Umfeld später die Mörder Gandhis kommen sollten.

Die Konflikte zwischen Hindus und Muslimen ließen Gandhi seit seiner Entlassung keine Ruhe. Als Anfang September bei Gewaltausbrüchen im nordwestlichen Kohat 155 Menschen starben und die gesamte Hindubevölkerung floh, entschloss er sich zu einem dreiwöchigen Fasten im Haus eines muslimischen Freundes. Daraufhin organisierte Motilal Nehru eine Konferenz, auf der sich einflussreiche religiöse Führer wie Madan Mohan Malaviya und der fanatische Khilafat-Aktivist Shaukat Ali verständigten. Doch langfristig änderte Gandhis Fasten wenig. Es gelang ihm nicht, die Muslime für sich und seine religiöse Toleranz zu gewinnen. Wenn er etwa anlässlich seines Fastenbrechens neben hinduistischen Liedern und christlichen Gebeten auch den Anfang des Korans rezitieren ließ, sahen manche Muslime darin eher eine Gotteslästerung. 1925 zog Gandhi ihren Zorn auf sich, als er öffentlich die Steinigung «abtrünniger» Muslime kritisierte. Tief betrübt bekannte Gandhi, dass er kein Konzept zur Lösung der Hindu-Muslim-Probleme fand und einstweilen nur um Erkenntnis beten konnte.

Nachdem er die vergangenen Jahre meist im Gefängnis oder auf Reisen verbracht hatte, beschloss Gandhi, 1926 ein Jahr lang in Ahmedabad zu bleiben und sich wieder einmal selbst um den Ashram zu kümmern. Er war in den Monaten zuvor viel umhergereist, da man ihn zum Kongresspräsidenten des Jahres 1925 ernannt hatte. Auch nach seinem Rückzug aus der Tagespolitik stand er weiterhin im Kontakt mit den Kongressführern, die ihn als lebendes Symbol und manchmal durchaus auch als Ratgeber schätzten. Gandhi sah in der schwierigen politischen Lage keine andere Möglichkeit, als die Anhänger der Swaraj-Partei zu stärken, und er war froh, als er am Jahresende die Präsidentschaft abgeben konnte. Er benötigte dringend Ruhe und Erholung. Nach der Haftentlassung hatte er versucht, die Zahl seiner Besucher zu verringern, und regelmäßige Schweigetage eingeführt. Doch schon bald wurde er wieder bis zur Erschöpfung aktiv und wog kaum noch 45 Kilogramm. Auch während seines Jahrs im

Ashram hatte Gandhi sich rasch wieder eine immense Arbeitsbelastung aufgebürdet. Er kümmerte sich um den Aufbau seiner neuen Organisation, der «All India Spinners Association», hielt Vorträge über die Bhagavadgita und schrieb eine Autobiographie mit dem Untertitel *Die Geschichte meiner Experimente mit der Wahrheit*. Der Text erschien, wie zuvor schon sein Bericht über *Satyagraha in Südafrika*, als Fortsetzung in seiner Gujarati-Zeitschrift *Navajivan*. Parallel wurde eine englische Übersetzung in der *Young India* publiziert.

Gandhi hat im Laufe seines Lebens so viel geschrieben, dass seine *Gesammelten Werke* 90 Bände umfassen. Dabei handelt es sich fast ausschließlich um Briefe, Reden und Zeitschriftenessays. Keine seiner Schriften erfüllt die Funktion eines theoretischen Hauptwerks. *Ich bin nicht für akademische Abhandlungen geschaffen. Meine Domäne ist die Tat [...]*[68], hat Gandhi selbst einmal erklärt. Er wollte kein kohärentes Denkgebäude und keine neue Lehre schaffen. Seine Werte waren keine unumstößlichen Dogmen. Wenn seine innere Stimme ihm sagte, dass er einer todkranken Kuh zum Sterben verhelfen musste, dann setzte er sich auch über das Kuhtötungsverbot hinweg. Gandhi wurde gelegentlich vorgeworfen, dass er inkonsequent sei und seine Meinung ändere. Dann entgegnete er, dass gerade dies einen Wahrheitssucher auszeichne: Beim Schreiben *denke ich nie daran, was ich früher gesagt habe. Mein Ziel ist es nicht, im Einklang mit meinen früheren Äußerungen zu einer bestimmten Frage zu sein, sondern mit der Wahrheit, wie sich mir in einem bestimmten Moment darstellt. [...] Freunde, denen Unstimmigkeiten auffallen, tun gut daran, sich an meine jüngeren Schriften zu halten, es sei denn natürlich, sie ziehen die alten vor. Bevor sie sich entscheiden, sollten sie jedoch versuchen zu sehen, ob den beiden scheinbaren Unstimmigkeiten nicht eine tieferliegende Übereinstimmung innewohnt.*[69]

Gandhi warnte davor, allein auf die reine Logik zu vertrauen. Oftmals seien gar nicht genügend Fakten vorhanden, um nur durch rationale Schlussfolgerungen zu der richtigen Entscheidung zu finden. Wenn der Verstand an Dinge glaube, die dem Herzen widersprechen, solle man sie verwerfen. Einmal wurde Gandhi von einem Studenten gefragt, ob es nicht unlogisch sei, dass er die Singer-Nähmaschine gutheißt, wo er doch Maschinen grundsätzlich ablehne. Gandhi antwortete, auch das Spinnrad sei eine Maschine, ja selbst der menschliche Körper: *Idealerweise würde ich alle Maschinen abschaffen, wie ich auch gern diesen Körper verwürfe, der der Erlösung nicht förderlich ist, und nach der absoluten Befreiung der Seele strebte. So betrachtet würde ich alle Maschinen ablehnen, aber deshalb gäbe es doch Maschinen, denn sie sind genauso unvermeidlich wie der Körper.*[70]

Obwohl seine Autobiographie stellenweise in einem recht didaktischen Ton verfasst ist, bat Gandhi die Leser, seine Empfehlungen nicht als verbindlich aufzufassen. Er verurteilte die unkritische Verehrung seiner Person als Mahatma und lehnte es ab, sich als Guru ansprechen zu lassen. Stattdessen wurde er von seiner erweiterten Familie im Ashram liebevoll Bapu («Vater») genannt. Mirabehn, die Tochter eines britischen Admirals, die seit Ende 1925 im Ashram lebte und voller Bewunderung für Gandhi war, musste sich belehren lassen: *Du sollst Dich nicht an mich als körperliches Wesen klammern. [...] Leiste mir den nötigen Widerstand, denn ich könnte Dich trotz all meiner Liebe zu Dir falsch beurteilen. Ich will nicht, daß Du mich für unfehlbar hältst.*[71] Wie die meisten, die fest an ihre Sache glauben, war Gandhi wohl überzeugt, dass jeder, der wahrhaft in sich geht, eines Tages zur selben Wahrheit finden würde wie er. Doch er bestand darauf, dass jeder sein eigenes Herz prüft und seine eigenen Experimente mit der Wahrheit macht.

Die Ashram-Gemeinde
Obwohl sich Gandhi immer wieder darum bemühte, herrschte im Ashram nicht die von ihm angestrebte Disziplin. Auch Mirabehn musste bei ihrer Ankunft 1925 feststellen, dass im Ashram nicht nur überzeugte Gandhianer lebten: «Statt dessen fand ich eine heterogene Ansammlung von ein- oder zweihundert Menschen vor, Männer, Frauen und Kinder aller Alters- und Glaubensstufen, von fanatischen Asketen bis zu skeptischen Ehefrauen. Dabei gab es nur eine geringe Zahl von Asketen, während die Familienmitglieder in der Mehrheit waren. Eines stand fest: Der Großteil der Frauen war nicht hierher gekommen, um einem Ruf zu folgen, sondern ihren Gatten oder Verwandten, die ihr Schicksal mit dem Bapus verknüpft hatten.»
Mirabehn: An der Seite des Mahatma, S. 14

Gandhi glaubte an die freie Entscheidung des Individuums, er interessierte sich nicht für Systeme. Das zeigte sich auch in seinen Äußerungen zu ökonomischen Fragen. Während einer großen Indienreise 1927 hatte Gandhi einen schweren Zusammenbruch erlitten und musste sich auf Drängen seiner Ärzte im kühleren Klima um Mysore und Bangalore erholen. Vom Bett aus korrespondierte er mit Jawaharlal Nehru, der sich gerade in Europa aufhielt und dort der Liga gegen den Imperialismus beitrat. Der junge Nehru war Sozialist und unterstützte die entstehende indische Gewerkschaftsbewegung. Auch Gandhi fühlte sich den Arbeitern und Bauern verbunden. Er wollte sie bilden und lokal organisieren, doch die Vorstellung von einem unvermeidbaren Klassenkampf und einer Zwangsenteignung der Reichen widersprach zutiefst seiner Vision eines friedlichen Miteinanders aller Menschen. Gandhi lehnte Kapitalismus wie auch Kommunismus ab und suchte nach anderen, moralischeren Wegen, die Wirtschaft zu organisieren. Er appellierte an die Fabrikanten und Großgrundbesitzer, ihre Verantwortung für das Wohl aller wahrzunehmen und sich als bloße Treuhänder ihres Vermögens zu betrachten. Gandhi wurde später von manchen Kommunisten als «Maskottchen der Bourgeoisie» geschmäht. Seine utopische Treuhandidee und seine versöhnlichen Konzepte hätten eine Erhebung der unterdrückten Klassen verhindert.

Gelegentlich wird auch kritisiert, dass Gandhi sich trotz seiner Ablehnung der modernen Industrie bei der Finanzierung seiner Kampagnen und seines Ashrams auf Spenden von Großindustriellen stützte. Gandhi sah dieses Problem durchaus, ebenso wie ihm bewusst war, dass er für seinen Kampf mit den von ihm verteufelten Eisenbahnen umherreiste und moderne Druckmaschinen zur Verbreitung seiner Schriften nutzte. Er hielt dies alles zumindest vorübergehend für unvermeidlich, wie er überhaupt je nach Situation entschied, was richtig war, wem er vertrauen oder wessen Unterstützung er annehmen sollte. Vor allem aber glaubte er aufrichtig, die Herzen der Kapitalisten wandeln und sie von einem gemeinnützigen Einsatz ihres Reichtums überzeugen zu können.

In einem solchen Bewusstseinswandel sah er auch den Weg zur Abschaffung der Unberührbarkeit. Die Diskriminierung konnte nicht in erster Linie durch Gesetze oder eine theoretische

Beim täglichen Handspinnen im Ashram, 1925. Gandhi machte das Spinnrad zum Symbol eines autarken, solidarischen Indien.

Abschaffung des Kastensystems überwunden werden, sondern erforderte eine Besinnung der Hochkastigen. Gandhi unterstützte lokale Kampagnen, die Unberührbaren den Zugang zu Tempeln und Brunnen ermöglichen sollten. Er zog über die Dörfer, hielt leidenschaftliche Reden und gab ein persönliches Vorbild, indem er ohne Einschränkung mit Unberührbaren verkehrte. Immer wieder versuchte er, das Gewissen der hochkastigen Hindus zu erreichen, und führte lange Diskussionen mit orthodoxen Führern wie Malaviya, die an einer Integration der Unberührbaren schon deshalb interessiert waren, weil es die Position des Hinduismus stärkte, wenn man möglichst viele Inder als Hindus anerkannte. Gandhis Ablehnung der Diskriminierung war unmissverständlich: *[...] «Unberührbarkeit» widerstrebt der Vernunft und dem Instinkt des Mitleids und der Liebe. Eine Religion, die die Kuh verehrt, kann nicht die grausame und unmenschliche Ächtung menschlicher Wesen dulden oder rechtfertigen. Lieber ließe ich mich in Stücke reißen, als die unterdrückten Klassen zurückzuweisen. [...] Lasst uns nicht Gott verleugnen, indem wir einem Fünftel unseres Volkes das Recht auf einen gleichberechtigten Umgang verweigern.*[72] Was eine grundsätzliche Abschaffung des Kastenwesens betraf, waren seine Äußerungen allerdings zurückhaltender. Gandhi spürte den starken Widerstand der Hindu-Orthodoxie. Aber es waren wohl auch sein Glaube an die alte indische Zivilisation und seine traditionelle Herkunft, die ihn nach einer Reform statt nach einer völligen Beseitigung der bestehenden Ordnung streben ließen. Das Kastendenken in seiner gegenwärtigen Form sei eine widerwärtige Verzerrung des sogenannten Varna-Modells, das lediglich auf eine Aufgabenteilung, nicht auf eine Hierarchisierung der Menschen abziele, meinte Gandhi. Die Kasten der Unberührbaren sollten als gleichberechtigte Gruppen neben den anderen Kasten anerkannt werden, das war sein Ziel.

In der Realität gliedert sich die indische Gesellschaft in Tausende regionaler Kasten *(jati)*. Diese Gemeinschaften, in die man hineingeboren wird und innerhalb deren man idealerweise heiratet, definieren sich über gemeinsame Sitten und Herkunftsmythen, häufig auch über bestimmte Berufe. Unter den verschiedenen Kasten einer jeweiligen Region besteht eine ausgefeilte Hierarchie, in der die Unberührbaren ganz unten stehen. Darüber hinaus kann jede Kaste theoretisch einem der vier Varnas zugeordnet werden, den Brahmanen, Kshastriyas, Vaishyas oder Shudras. Die Brahmanen sollen vorrangig Priester sein, die Kshatriyas Fürsten und Krieger, die Vaishyas Handel und Landwirtschaft treiben, die Shudras von Handwerk und anderen dienenden Tätigkeiten leben. Dieses Varna-Konzept findet sich bereits in alten brahmanischen Texten, es ist jedoch ein Modell mit wenig praktischer Relevanz. Gandhi, der darin das ursprüngliche hinduistische Gesellschaftssystem sah, interpretierte dieses als eine harmonische Ordnung von vier Ständen, die alle gleich angesehen seien, aber zum Wohl des Ganzen jeweils andere Funktionen wahrnähmen. Er glaubte tatsächlich, dass das Problem der Unberührbaren weniger darin lag, dass sie Latrinen kehren oder Leder verarbeiten mussten, sondern darin, dass diese Arbeiten von den höheren Kasten nicht als ebenbürtige göttliche Tätigkeiten anerkannt wurden.

Die Hoffnung, dass die Hochkastigen die traditionellen Aufgaben der Unberührbaren einmal als gleichwertige Berufe anerkennen könnten, war gewiss naiv. Doch Gandhi glaubte an das Gute im Menschen. Jeder Einzelne konnte sich ändern, und am Ende würde es gelingen, das Übel in der Welt zu überwinden. Gandhi sah, dass die Menschheit noch weit von diesem Zustand entfernt war. Doch trotz aller Phasen der Niedergeschlagenheit und des Selbstzweifels hielt er stets an seiner Vision fest. Sein unerschütterlicher Optimismus bezüglich der menschlichen Natur verstellte ihm bisweilen den Blick für die Realitäten, so sehr, dass Judith Brown ihrem Standardwerk über Gandhi den Untertitel «Prisoner of Hope» (Gefangener der Hoffnung) gab. Doch es war ebendieser unerschütterliche Glaube, der Gandhi seine immense geistige Kraft gab, die Furchtlosigkeit, mit der er sich dem scheinbar Unausweichlichen entgegenstellte, und die Originalität, mit der er immer neue Wege ersann, die Kolonialherren zu provozieren. Schon bald sollte er all dies noch einmal unter Beweis stellen.

Salz in den Wunden des Empire: die Kampagne des bürgerlichen Ungehorsams

Im Verlauf des Jahres 1928 fasste Gandhi neuen politischen Mut. Ein wichtiger Grund dafür lag in der erfolgreichen Satyagraha-Kampagne von Bardoli. Die Bauern dieser Gegend in Gujarat, in der viele Anhänger Gandhis lebten, widersetzten sich einer drastischen Erhöhung ihrer Grundsteuer. Die zuständige Provinzregierung in Bombay hatte die Erhöhung bereits von 30 auf 22 Prozent korrigiert. Doch die indischen Nationalisten im Landtag und die betroffenen Bauern gaben sich damit nicht zufrieden und forderten die Überprüfung des Steuersatzes durch einen Untersuchungsausschuss. Angeleitet von Gandhis Vertrautem Vallabhbhai Patel, begannen die Bauern im Februar die Zahlung jeglicher Grundsteuer zu verweigern. Patel, der selbst einer der örtlichen Bauernkasten angehörte und während der ganzen Zeit engen Kontakt zu Gandhi hielt, leitete die Kampagne mit großem Geschick. Die Bauern hielten selbst dann noch zusammen und blieben gewaltlos, als die Regierung mit der Beschlagnahmung von Land und Vieh reagierte. Niemand in der Gegend fand sich bereit, den Behörden das konfiszierte Land abzukaufen. Nicht zuletzt auf Druck der Zentralregierung in Delhi, die landesweite Auswirkungen fürchtete, sah sich der Gouverneur von Bombay schließlich zu der Einsetzung eines Untersuchungsausschusses genötigt. Mit der Grundsteuererhebung hatte Gandhi einen der empfindlichsten Punkte der britischen Administration ins Visier genommen und die Provinzregierung derart verunsichert, dass sie am Ende sogar davor zurückschreckte, die von dem Untersuchungsausschuss empfohlene sechsprozentige Steuererhöhung einzufordern. Der Sieg von Bardoli zeigte Gandhi und auch anderen im Land, wie wirksam Satyagraha sein konnte, wenn die Akteure unbeirrbar an ihren Grundsätzen festhielten und sich nicht zu Gewalttaten provozieren ließen.

Einen weiteren Lichtblick im Jahre 1928 bot der sogenannte Nehru-Bericht. Die Regierung in London hatte eine Kommission unter Leitung von Sir John Simon damit beauftragt, anlässlich der alle zehn Jahre fälligen Überprüfung der indischen Verfassung einen Bericht zu erstellen. Wie zum Hohn der Inder, denen man seit Jahren eine größere Beteiligung versprach, war die Kommission ausschließlich mit weißen Parlamentariern besetzt. Simon und seinem Gefolge schlug bei ihren Erkundigungen in Indien allerorts ein wütendes «Simon go back» entgegen. Im August trafen sich indische Politiker unterschiedlichster Richtungen zu einer All-Parteien-Konferenz und beschlossen einen gemeinsamen Gegenentwurf zu den Empfehlungen der Simon-Kommission. Der Nehru-Bericht sah vor, dass Britisch-Indien mit den indischen Fürstenstaaten eine Föderation bilden und den Dominion-Status erhalten sollte. Motilal Nehru gewann Gandhi dafür, öffentlich diesen Plan zu unterstützen. Gandhi, der sich eigentlich wenig für Verfassungsprobleme interessierte, erschien auf Motilals Drängen sogar zur alljährlichen Kongresssitzung in Kalkutta.

Inzwischen hatte der Nehru-Bericht für hitzige Debatten gesorgt: Viele Muslime lehnten den Entwurf ab, weil er die Abschaffung der separaten Wählerschaften vorsah. Jüngere Kongressmitglieder wie Jawaharlal Nehru und Subhas Chandra Bose wiederum forderten statt des Dominion-Status die völlige Unabhängigkeit. In dieser schwierigen Situation waren Gandhis Fähigkeiten als Vermittler überaus willkommen. Unter seiner Regie vereinbarten die Delegierten, den Briten ein Ultimatum zu stellen: Sollten sie bis Ende 1929 nicht den Dominion-Status zusichern, drohte der Kongress mit einer Kampagne zur Erlangung der völligen Unabhängigkeit.

Gandhi war in die Führung des Nationalkongresses zurückgekehrt. Und anders als nach seiner Haftentlassung waren die Delegierten wieder bereit, ihm zu folgen. Da nur eine effiziente Organisation mit breiter Basis die Regierung herausfordern konnte, bemühte Gandhi sich um mehr Zusammenhalt im Kongress. Er warb neue Mitglieder, hielt lokale Führer zur Disziplin an, prüfte Finanzen und sammelte Spenden. Er war dafür bekannt, dass er über jede kleinste Gabe gewissenhaft Buch führte, ganz gleich, ob es sich um eine einzelne Münze handelte, die ihm ein Bauer anvertraute, oder um große Summen, mit denen reiche Industrielle wie G. D. Birla regelmäßig den Nationalkongress unterstützten. Im Februar führte Gandhi Gespräche mit Jinnah, doch das Verhältnis des Nationalkongresses zu den Muslimen blieb schwierig. Immerhin gelang es Gandhi, die ungeduldige junge Generation innerhalb des Kongresses stärker einzubinden, indem er mit Jawaharlal Nehru einen der Ihren zum Kongresspräsidenten machte.

Das Jahr 1929 verging, ohne dass London mit wirklich neuen Angeboten auf das Ultimatum reagierte. Die Konsultationen des Vizekönigs in London hatten stattdessen nur die arrogante Haltung vieler britischer Parlamentarier verdeutlicht. Und so erhob der Nationalkongress am Jahresende die völlige Unabhängigkeit zu seinem Ziel. Gandhi legte der Regierung als ersten Schritt eine Liste mit elf Forderungen vor, deren Erfüllung eine Kampagne des bürgerlichen Ungehorsams noch verhindern könnte. Darunter waren die Entlassung aller politischen Häftlinge, ein völliges Alkoholverbot, Schutzzölle auf ausländische Textilien, die Abschaffung der Salzsteuer, eine Halbierung der Grundsteuer sowie eine drastische Senkung der Gehälter für höhere Beamte. Was manchem wie eine willkürliche Zusammenstellung erschien, war in Wirklichkeit eine bedachte Verknüpfung möglichst vieler Interessen. So hätte etwa eine Senkung der Beamtengehälter die Staatsposten für Briten unattraktiv und die Einstellung von Indern nötig gemacht. Gandhi wusste, dass die Briten seine Forderungen unmöglich erfüllen konnten, und er suchte bereits nach einem geeigneten Ziel für eine Kampagne. Schließlich fiel die Wahl auf das Salzmonopol der Regierung: Salz war für alle Inder lebensnotwendig. Dennoch durften sie es nicht selbst gewinnen, sondern mussten es von der Regierung kaufen und noch dazu eine Salzsteuer entrichten. Das Thema war geschickt gewählt. Es betraf jeden, ganz gleich ob Bauer oder Städter, und berührte weder die Interessen der Muslime noch die der Geschäftsleute, die den Kongress finanzierten. Jedermann konnte die Briten leicht herausfordern und sich strafbar machen, schon indem er ein paar Körnchen Salz am Strand auflas – und genau das hatte Gandhi vor.

Wie immer hatte er den Vizekönig zuvor höflich von seinem Plan informiert, als er am 12. März 1930 mit 78 ausgewählten Satyagrahis in Ahmedabad aufbrach. In den Straßen der Stadt drängten sich die Menschen, um einen Blick von dem Mahatma und seinen ungewöhnlichen Pilgerzug zu erhaschen und ihn ein Stück des Weges zu begleiten. Auch zahlreiche in- und ausländische Journalisten befanden sich unter der Menge und warteten gespannt, was die Regierung tun würde. Die ließ Gandhi gewähren. Sie hoffte, dass den eigenwilligen Alten auf seinem fast 400 Kilometer langen Marsch an die Küste irgendwann von selbst die Kräfte verließen. Doch der 60-Jährige wirkte munterer denn je. Vergessen schienen die Schwächeanfälle und Krankheiten der Vergangenheit. [...] *die Stimme im Inneren ist klar.*[73] Gandhi befand sich in spiritueller Hochstimmung, wie immer, wenn er eine Probe bestehen musste. Entschlossen marschierte er voran und hielt

Gandhi (links im Hintergrund) und seine Anhänger lesen am Strand von Dandi Salzkruste auf – und brechen damit das Salzmonopol der Kolonialherren.

unterwegs täglich Ansprachen, in denen er beispielsweise Dorfvorsteher dazu aufrief, ihren Dienst für die Regierung niederzulegen. Am 25. Tag erreichte Gandhi mit seinen Leuten endlich den kleinen Küstenort Dandi. Er nahm in der Dämmerung des folgenden Morgens ein Bad im Meer und beging anschließend den Gesetzesbruch, indem er etwas Salzkruste vom Ufer auflas.

Als die Regierung nach weiterem Zögern Gandhi Anfang Mai festnahm, hatte sein Coup längst den Startschuss für eine landesweite Kampagne gegeben. Küstenbewohner trafen sich, um gemeinsam Meerwasser zu sieden, Kongressaktivisten verschenkten illegales Salz, und überall sah man plötzlich gewöhnliche Leute in handgesponnener Kleidung gehen. Begleitet wurde die Salzkampagne von einem massiven Boykott ausländischer Textilien. Zu Gandhis Freude beteiligten sich auch zahlreiche Frauen, indem sie sich vor Läden postierten und ihre Nachbarn vom Kauf fremder Textilien oder dem Alkoholkonsum abhielten. Der indische Liberale Dr. Tej Bahadur Sapru berichtete dem Vizekönig: «An Orten, an denen ich noch vor wenigen Monaten politische Aktivitäten für undenkbar gehalten hätte, habe ich unterwegs mit eigenen Augen Demonstrationen gesehen und mit eigenen Ohren Kongress-Slogans gehört. Die allgemeine Stimmung ist aufgeheizt. Tag für Tag wird sie durch die fortwährende beharrliche Propaganda der Kongressleute weiter geschürt, deren Freiwillige Vorträge in fahrenden Zügen halten und Ähnliches mehr.»[74] Die Behörden reagierten mit immer größerer Härte und nahmen Zehntausende Menschen fest. Nach Gandhis Verhaftung führten seine Mitstreiter die Kampagne unvermindert fort. Die Dichterin Sarojini Naidu etwa zog mit 2500 Freiwilligen zu einer abgelegenen Salzgewinnungsstätte nördlich von Bombay, um sie zu besetzen. Als sich die Demonstranten dem Stacheldrahtzaun der Anlage von Dharasana näherten, wurde die vorderste Reihe bis zur Bewusstlosigkeit niedergeschlagen. Dennoch, so notierte ein westlicher Korrespondent bestürzt, schritten auch die nächsten Gruppen schweigend voran, bis auch sie unter den Schlagstöcken der Polizei blutüberströmt zusammensanken.

Mit ihren repressiven Maßnahmen hatte die Regierung sich selbst eine moralische Niederlage zugefügt. *Die Selbstopferung*

Gandhi und die Dichterin Sarojini Naidu während des Salzmarsches, April 1930

eines einzelnen unschuldigen Menschen ist millionenfach wirksamer als eine Million Menschen, die durch den mörderischen Akt anderer sterben[75], hatte Gandhi einmal gesagt. Sein Salzmarsch war ein Meisterstück der moralischen Kriegsführung. Er gefährdete das Salzmonopol langfristig ebenso wenig, wie die Nichtzusammenarbeitskampagne in den 1920er Jahren der Regierung wirksam die Kooperation entzogen hatte. Vielmehr brachten Gandhis Ak-

Polizisten während der Salzkampagne in Bombay, Mai 1930. Gandhis Methoden machten die britischen Ordnungshüter bisweilen ratlos.

tionen die Glaubwürdigkeit der Kolonialherren ins Wanken. Sie ließen die imperiale Macht ihre eigene Unmoral vorführen und beraubten sie in den Köpfen der Inder wie auch in denen manch westlicher Beobachter schleichend ihrer Legitimation.

Gandhi saß wieder einmal in Yeravda, seinem Stammgefängnis in Poona. Die Haftbedingungen, die man dem berühmten Mann in Indien gewährte, waren wesentlich annehmlicher als zu seinen Zeiten in Südafrika. Gandhi genoss die Ruhe und widmete sich dem Studium des Marathi, einer weiteren Hauptsprache Indiens. Im August erhielt er Gesellschaft von Motilal und Jawaharlal Nehru. Vater und Sohn wurden auf Betreiben zweier prominenter indischer Liberaler in Gandhis Gefängnis verlegt, weil diese hofften, die Kongressführer dort gemeinsam von einem Abbruch des bürgerlichen Ungehorsams überzeugen zu können. Vor allem die Nehrus blieben jedoch hart, und der Kongress nahm nicht, wie von den beiden gemäßigten Politikern erhofft, an der ersten Konferenz am Runden Tisch teil. Die von

> «Ich wünsche mir die Sympathie der Welt für diesen Kampf des Rechts gegen die Macht.» Eine Botschaft Gandhis an die Presse vom 5. April 1930

den Briten ausgerichtete Konferenz in London verlief allerdings recht ermutigend. Und so wuchs, vor allem vonseiten der indischen Unternehmer, der Druck, die ohnehin lahmende Kampagne zu beenden. Auch Vizekönig Lord Irwin schien die Gelegenheit günstig, Gandhi für eine Teilnahme an der zweiten Round Table Conference zu gewinnen. Und so entließ er Anfang 1931 die Kongressführung ohne Bedingungen aus der Haft.

Bereits im Februar empfing Irwin Gandhi zu Gesprächen in Delhi. Mehrere Tage nahm er sich Zeit und beriet mit ihm in freundschaftlicher Atmosphäre die Lage des Landes. Dass er Gandhi wie einen geschätzten Gast und ebenbürtigen Gesprächspartner behandelte, missfiel dem Unterhausabgeordneten Winston Churchill im fernen London. «Beunruhigend und widerwärtig» fand er den Anblick dieses «aufrührerischen, sich als Fakir aufspielenden Anwalts […], wie er halb nackt die Stufen des vizeköniglichen Palastes hinaufschreitet […], um als gleichberechtigter Gesprächspartner mit dem Vertreter Seiner Kaiserlichen Majes-

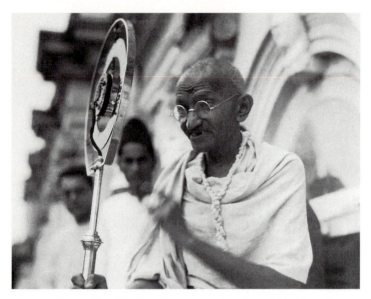

Ansprache in Bombay, August 1931. Aus dem schüchternen Studenten Gandhi war ein erfahrener Redner und Journalist geworden.

tät zu verhandeln.»[76] Genau diese Anerkennung durch den Vizekönig war es offenbar, die Gandhi in einen Pakt einwilligen ließ, der vielen Weggefährten als blanke Kapitulation erschien: Die Regierung würde politische Gefangene entlassen und entlang der Küsten das Salzsieden für den Hausgebrauch dulden. Im Gegenzug verpflichtete sich Gandhi, die Kampagne einzustellen und an der nächsten Konferenz in London teilzunehmen. Bauern, die während der Agitation die Steuern verweigert hatten, mussten diese nachzahlen. Konfisziertes Land sollte nur zurückgegeben werden, sofern es noch nicht weiterverkauft war. Und es würde keine Untersuchung der polizeilichen Gewalt während der Kampagne geben. Jawaharlal Nehru klagte, Gandhi habe die indischen Bauern verraten, doch er befand sich angesichts des kürzlichen Todes seines Vaters Motilal nicht in der Verfassung, dies zu verhindern.

Der Nationalkongress hatte beschlossen, Gandhi als einzigen Vertreter nach London zu entsenden. Lediglich seine bei-

Nur mit einem Lendentuch und einem Umhang bekleidet, eilt Gandhi durch den Regen, Folkestone, 12. September 1931

Der Indische Nationalkongress, vertreten durch Gandhi, war nur eine von vielen indischen Gruppen am Runden Tisch in London, 1931

den Sekretäre, Mahadev Desai und Pyarelal, sowie sein Sohn Devdas und seine britische Anhängerin Mirabehn begleiteten ihn. In England wurde Gandhi sofort von unzähligen Besuchern bestürmt. Bis spät in die Nacht besprach er sich täglich mit Konferenzteilnehmern, traf Sozialarbeiter, Bischöfe, Parlamentarier oder Journalisten. Die Menschen waren neugierig auf den ungewöhnlichen kleinen Inder, der sich selbst im winterlichen London nur in einige spärliche Tücher hüllte. Vielerorts bereitete man ihm einen herzlichen Empfang. Sogar die Textilarbeiter in Lancashire waren beeindruckt, als Gandhi sich persönlich zu ihnen aufmachte und um Verständnis für den indischen Boykott ihrer Stoffe warb. Am Verhandlungstisch indes ging es nicht voran: Die Briten hatten über 100 Delegierte nach London bestellt, darunter indische Fürsten, Vertreter der Unberührbaren, Muslime, Liberale und andere mehr. Sie waren nicht bereit, den Nationalkongress als Alleinvertreter des indischen Volks anzuerkennen, und erwarteten, dass Gandhi sich mit den übrigen Delegierten über all die strittigen Fragen einigte. Obwohl er ohnehin nur geringe Erwartungen an die Konferenz hatte, war Gandhi bald vollkommen frustriert. *Die ganze Sache ist eine gigantische Täuschung, und die Wortergüsse, mit denen man uns traktiert, dienen einzig dazu, Zeit zu schinden*[77], klagte er gegenüber dem Schriftsteller George Bernard Shaw. Seine Enttäuschung machte sich auch in einer Rede Luft, die manche Zeitungen als geradezu «bolschewistisch» bezeichneten. Gandhi lehnte darin jegliche Garantien für britische Investoren in einem unabhängigen Indien ab; eine künftige indische Regierung müsse Gesetze zur Befreiung der Armen erlassen können ohne Rücksicht auf irgendwelche Kapitalisten, seien sie Inder oder Briten.

Als Gandhi im Dezember 1931 nach Indien zurückeilte, hoffte er, durch weitere Gespräche mit dem Vizekönig voranzukommen. Doch Lord Willingdon, der das Amt inzwischen übernommen hatte, war fest entschlossen, jede neue Kampagne im Keim zu ersticken, und dachte gar nicht daran, diesen «machiavellistischen, herumfeilschenden, kleinen politischen Schwindler»[78], wie er Gandhi nannte, durch irgendeinen Pakt aufzuwerten. Nach wenigen Tagen wurde Gandhi unter einem

Vorwand wieder verhaftet. Der Nationalkongress wurde für illegal erklärt, zahlreiche politische Aktivisten wurden festgenommen, die Salzsteuer erhöht und zahlungsunwillige Bauern mit aller Konsequenz verfolgt.

In dieser Situation traf im August 1932 ein Schiedsspruch des britischen Premierministers Ramsay MacDonald ein. Auf der Konferenz in London hatte keine Einigung über separate Wählerschaften für die Minderheiten erzielt werden können, und so war man übereingekommen, diese Frage dem Premierminister zur Schlichtung vorzulegen. MacDonald entschied nun, dass auch die Unberührbaren separate Wählerschaften erhalten sollten. Genau dagegen hatte Gandhi sich in London mit aller Macht gewehrt. Er hatte sogar gedroht, sich zu Tode zu fasten, sollten die Unberührbaren von den anderen Hindus politisch getrennt werden.

Die Unberührbaren bilden keine klarumrissene, einheitliche Bevölkerungsgruppe. Sie zerfallen in zahlreiche Kasten am unteren Rand der Gesellschaft und grenzen sich ihrerseits durch Hierarchien voneinander ab. Überwiegend sind sie landlose Tagelöhner oder leben von der Lederverarbeitung, dem Latrinenreinigen und ähnlichen Tätigkeiten, die hochkastigen Hindus als besonders unrein gelten. Das Ausmaß ihrer sozialen Diskriminierung schwankt. Bestimmten Berufsgruppen kann in einer Region der Zugang zu Dorfbrunnen strikt verwehrt sein, in anderen dagegen dürfen sie das Wasser «nur» nicht eigenhändig schöpfen. Auch gelten sie nicht überall als «unberührbar» im wörtlichen Sinn, während in manchen Gegenden sogar der Schatten eines solchen Menschen gemieden wird.

Gandhi nun meinte, wenn man all diese Gruppen zu einer politischen Einheit forme und sie in separaten Wählerschaften ihre eigenen Kandidaten wählen ließe, werde dies die Unberührbarkeit nur weiter zementieren. Gewähre man ihnen dagegen reservierte Parlamentssitze, müssten sich alle Parteien darum bemühen, Unberührbaren-Kandidaten aufzustellen. Gandhi wollte den Hochkastigen die Augen dafür öffnen, dass auch die Unberührbaren ein Teil der Hindu-Gemeinschaft waren. Dies sah Bhimrao Ramji Ambedkar, der wichtigste nationale Führer der

Bhimrao Ramji Ambedkar

Unberührbaren, allerdings ganz anders. Er hatte in London für separate Wählerschaften gekämpft und betrachtete die Unberührbaren als eine unterdrückte, ausgebeutete Minderheit, deren Gegner weniger die Briten als vielmehr die konservativen Hindus waren. Die Unberührbaren mussten sich politisch emanzipieren, anstatt auf Gandhis paternalistische Fürsorge zu vertrauen. Ambedkar glaubte nicht an einen Wandel der Herzen, sondern an eine umfassende gesetzliche Protektion der Unberührbaren.

Doch Gandhis Entschluss stand fest: Die Unberührbaren durften nicht vom Rest der Hindus getrennt werden. Und so machte er am 20. September 1932 seine Drohung wahr und begann zu fasten. Seine Mitstreiter waren entsetzt, und eine Flut sorgenvoller Briefe erreichte das Yeravda-Gefängnis, wo Gandhi noch immer einsaß. Die Regierung erlaubte, dass er vorübergehend politische Gesprächspartner empfing, und ließ sogar Kasturba zu ihrem Mann bringen, dessen Zustand sich rapide verschlechterte. Landesweit kam es zu Solidaritätsbezeugungen gegenüber den Unberührbaren: Brahmanen speisten öffentlich

Dr. Bhimrao Ramji Ambedkar
wurde 1891 als Sohn einer westindischen Unberührbaren-Familie geboren. Sein Vater stand im Dienste der Armee. Mit Stipendien indischer Fürsten studierte Ambedkar in den USA und Europa und arbeitete nach seiner Rückkehr unter anderem als Jurist. Er gründete Schulen für Unberührbare, gab Zeitungen heraus und stritt besonders in der konstitutionellen Arena für die Rechte der Armen. 1947 sollte er zum ersten Justizminister des unabhängigen Indien werden und federführend an der Verfassung mitwirken, die das Praktizieren der Unberührbarkeit für illegal erklärte und die Reservierung von Verwaltungsposten und Studienplätzen für Unberührbare festschrieb. Zunehmend enttäuscht über die mangelnde Reformbereitschaft vieler Hindus, trat Ambedkar 1956 kurz vor seinem Tod zum Buddhismus über.

mit Straßenkehrern, und zahlreiche orthodoxe Tempel öffneten erstmals Unberührbaren ihre Tore. Es schien ganz, als hätte Gandhi mit seinem extremen Schritt das Problem der Unberührbaren ins öffentliche Bewusstsein gedrängt und einen Sinneswandel angestoßen. Vielfach blieb es jedoch bei oberflächlichen Gesten, kurzfristigen Demonstrationen, denen am Ende bisweilen sogar eine rituelle Reinigung folgte, mit der etwa ein Tempel von dem Besuch der Unberührbaren «gesäubert» wurde. Ambedkar ging es ohnehin weniger um Tempel als um politische Rechte. Er fühlte sich durch Gandhis Fasten schlicht erpresst. Notgedrungen nahm er an einer Konferenz mit hinduistischen Führern teil, die sich mit Gandhis Segen schließlich auf den sogenannten Yeravda-Pakt einigte: Statt separater Wählerschaften würden die Unberührbaren reservierte Sitze erhalten – davon allerdings doppelt so viele. Nachdem auch der britische Premierminister dieser Lösung zugestimmt hatte, brach Gandhi, der mittlerweile nur noch 38 Kilo wog, am Nachmittag des sechsten Tags sein Fasten ab.

Der Pakt gestand den Unberührbaren weit mehr Sitze zu als ursprünglich vorgesehen. Dennoch schwächte er Ambedkars Position, da nun auch der Kongress Kandidaten für die Plätze der Unberührbaren aufstellen konnte. Der Konflikt zwischen Gandhi und Ambedkar war letztlich auch ein Kampf um die politische Führerschaft der Unberührbaren. Für die Option auf die Stimmen der Unberührbaren hatte der Kongress einen hohen politischen Preis gezahlt. Aus Bengalen etwa schlug Gandhi wütende Kritik entgegen, weil die dortigen Hindus, die ohnehin in der Minderheit gegenüber den Muslimen waren, nun auch noch über ein Drittel ihrer Parlamentssitze den Unberührbaren überlassen sollten. In London sah man in dem Pakt eine Chance, den Kongress wieder in die Verfassungsverhandlungen einzubinden; doch Vizekönig Willingdon war nicht bereit, sich mit Gandhi einzulassen. Zähneknirschend gewährte er ihm jedoch die Möglichkeit, vom Gefängnis aus reformerische Arbeit für die Unberührbaren zu betreiben. Gandhi stürzte sich sofort in eine umfangreiche Korrespondenz. Er empfing täglich Besucher und gründete eine neue Zeitschrift namens *Harijan*. Harijans, «Kinder Gottes», so nannte Gandhi die Unberührbaren, eine Bezeichnung, die manche von ihnen allerdings als zu beschönigend zurückwiesen.

Als Gandhi im Mai 1933 wieder einmal zu einem religiös motivierten Fasten ansetzte, entschied sich Willingdon, ihn aus der Haft zu entlassen. Die Kampagne des bürgerlichen Ungehorsams war inzwischen durch seine Politik der Härte erfolgreich unterdrückt worden, und der Nationalkongress schien in derart schwacher Verfassung, dass keine Wiederbelebung der Agitation zu fürchten war. Gandhi brach im November 1933 zu einer gewaltigen Harijan-Tour auf, um landesweit für die Sache der Unberührbaren zu kämpfen. Derweil herrschte im Kongress weiterhin Uneinigkeit über den richtigen Weg. Manche wollten in die parlamentarische Arena zurückkehren, andere wieder forderten radikalere Wege, und Gandhi löste mit seinem Vorschlag, zu *individuellem Satyagraha* überzugehen, nur noch mehr Verwirrung aus. Gandhi spürte, dass er nach dem Niedergang des bürgerlichen Ungehorsams im Kongress keine Mehrheiten für seine Methoden fand. Trotz allen Respekts, den man ihm entgegenbrachte, teilten die meisten Politiker seine Visionen nicht, und auch mit seinem geliebten Ziehsohn Nehru bestanden offene Divergenzen. Der Nationalkongress wollte wieder andere Wege gehen – und daher beschloss Gandhi im Herbst 1934 enttäuscht, dass es für alle das Beste sei, wenn er nach der nächsten Sitzung aus dem Kongress austritt.

Das Herz der Nation schlägt auf dem Dorf: Rückzug nach Wardha

Bevor Gandhi Abschied vom Nationalkongress nahm, sorgte er auf der Sitzung im Oktober 1934 noch einmal für eine Straffung der Organisation. Der Kongress, der nun wieder erlaubt war, beteiligte sich im November mit großem Erfolg an den Wahlen zum Zentralparlament und kehrte damit – ähnlich wie zu Zeiten der Swaraj-Partei nach dem Ende der Nichtzusammenarbeitskampagne – auf den verfassungsmäßigen Pfad zurück. Und ganz ähnlich wie in den 1920er Jahren stürzte Gandhi sich nach dem Rückzug aus der Tagespolitik in seine Reformen an der Basis der Gesellschaft. Was ihm damals die Verbreitung des Handspinnens war, sollte nun in einer grundlegenden Erneuerung des indischen Dorflebens seine Fortsetzung finden.

Gandhi ließ sich in einem entlegenen Dorf im tiefsten Landesinneren nieder. In der Nähe von Wardha, irgendwo südwestlich von Nagpur, wo sich bereits der Ashram seines Schülers Vinoba Bhave befand, richtete er das Hauptquartier der «All India Village Industries Association» ein. Die Zentrale der neugegründeten Organisation wurde wie schon der Ashram von seinem Freund, dem Geschäftsmann Jamnalal Bajaj, gestiftet. Sie lag nur wenige Kilometer entfernt von dem kleinen Dorf Sevagram, das Gandhi im Frühjahr 1936 zu seiner neuen Heimstatt machte. Den Ashram in Ahmedabad hatte er 1933 aufgelöst, als der Gemeinschaft wegen Steuerverweigerung die Konfiszierung drohte. Sevagram war ein armes Dorf wie so viele in der Gegend. Fernab fester Straßen, ohne Post- oder Telegrafendienst, wurde es vor allem von Unberührbaren bewohnt und litt immer wieder unter Ruhr und Malaria, wie auch Gandhi und seine Mitstreiter bald am eigenen Leib erfahren sollten. In Sevagram wollte Gandhi nichts Geringeres als exemplarisch die Probleme Indiens lösen. Denn nur von Indiens zahllosen Dörfern konnte der dringend notwendige Wandel der Gesellschaft ausgehen. Hier schlug das Herz der Nation:

Gandhis Hütte in Sevagram

Sobald man sich mit ihnen [den indischen Bauern] unterhält, spürt man, dass Weisheit von ihren Lippen strömt. Hinter dem rohen Äußeren verbirgt sich ein Reich der Spiritualität. […] Im Falle der indischen Bauern liegt unter einer groben Kruste eine jahrhundertealte Kultur verborgen. Entfernt diese Kruste, befreit ihn von seiner chronischen Armut und seinem Analphabetentum, und ihr werdet das edelste Exemplar eines kultivierten und gebildeten freien Bürgers finden.[79] An Jawaharlal Nehru schrieb Gandhi später: *Ich denke, wenn Indien, und durch Indien die Welt, wahre Freiheit erlangen soll, dann müssen wir früher oder später in Dörfern leben – in Hütten statt in Palästen. Es können niemals Millionen von Menschen bequem und friedlich in Städten und Palästen leben. […] Die Vision von Wahrheit und Gewaltlosigkeit kann nur in der Einfachheit des Dorfes realisiert werden.*[80]

Nehru mochte diese Vision nicht nachvollziehen: «Ich verstehe nicht, warum im Dorf unbedingt Wahrheit und Gewaltlosigkeit vorherrschen sollen. Das Dorf ist gewöhnlich intellektuell und kulturell rückständig, und von einer rückständigen Umgebung kann kein Fortschritt ausgehen. Engstirnige Menschen neigen wesentlich leichter zu Unwahrheit und Gewalt.»[81] Wie viele im Nationalkongress sah Nehru es als Indiens vorrangige Aufgabe, die Industrialisierung des Westens nachzuholen. Die trostlose Landwirtschaft würde dann schon von dem allgemeinen Aufschwung mitgezogen werden. Gandhi mit seiner Abneigung gegen die städtische Modernität träumte von einem Indien der autarken Dörfer. Er wollte Dorfräte und andere ländliche Selbstverwaltungsorgane stärken und die Kinder mit praxisnahem Unterricht auf den dörflichen Alltag vorbereiten, statt sie mit westlicher Bildung zur Landflucht zu verlocken. Er begann mit konkreten Zielen wie der Gewinnung sauberen Trinkwassers und der Anlage von Dorflatrinen, und er lehrte die Bauern, wie sie ihren Müll hygienisch entsorgen und etwa Papier wiederverwenden konnten. Seine langjährigen Ernährungsexperimente hatten auch dem Zweck gegolten, einfache, gesunde Nahrungsmittel zu finden, die für die Bauern vor Ort verfügbar waren. Mit geradezu missionarischem Eifer, wie er selbst bemerkte, propagierte Gandhi die Verwendung von ungeschältem Reis und Vollkornmehl oder etwa den Verzehr von vitaminreicher Rohkost.

Gandhi wusste, wie anders Jawaharlal Nehrus Prioritäten waren – und dennoch bezeichnete er ihn bemerkenswerterweise als seinen Erben. Er vertraute Nehru und sah, wie sehr er die junge Generation ansprach. Sie beide verbinde ein unzertrennliches Band, schrieb er an Jawaharlal, und er wünschte sich, dass sie beide trotz aller Differenzen zumindest die Vision des anderen verstehen: *[...] ich bin ein alter Mann, und du bist jung. Deshalb habe ich erklärt, dass du mein Erbe bist. Es ist nur recht, dass ich zumindest meinen Erben verstehe und mein Erbe mich. Dann werde ich meinen Frieden haben.*[82] Auch Nehru ließ es nie zum Bruch mit Gandhi kommen, obwohl er manches Mal an ihm verzweifelte. Als Gandhi 1934 ein gewaltiges Erdbeben, bei dem in Bihar über 7000 Menschen starben, als eine Strafe Gottes für die Sünde der Unberührbarkeit interpretierte, war Nehru schockiert und hielt dies für eine Rückkehr in die Zeiten des finstersten Aberglaubens. Auch dass Gandhi gelegentlich von der gerechten Herrschaft des mythischen Königs Rama *(ramrajya)* schwärmte, missfiel dem Sozialisten Nehru, wie ihn überhaupt die Verquickung von Religion und Politik beunruhigte. Nehru war fasziniert von Gandhis «untrüglichem Instinkt» für politische Aktionen und davon, wie es ihm gelang, die Herzen der einfachen Menschen zu erreichen. Er nannte Gandhi einen «Magier». Doch nach dem Fasten, das 1933 zu Gandhis Entlassung aus der Haft führte, schrieb er in sein Tagebuch: «Als ich den emotionalen Aufruhr während des Fastens beobachtete, fragte ich mich mehr und mehr, ob das die richtigen Methoden in der Politik waren. Es ist die reinste Erweckungsbewegung (revivalism), und klares Denken hat nicht die geringste Chance dagegen. […] Ich fürchte, ich entferne mich in meinem Denken mehr und mehr von ihm, trotz meiner starken gefühlsmäßigen Bindung an ihn. Seine fortwährenden Verweise auf Gott irritieren mich sehr.»[83] Nehru wusste um Gandhis großen Wert für die Nationalbewegung. Dass er immer wieder die Einigung mit ihm suchte, hatte aber wohl vor allem mit ihrer persönlichen Verbundenheit zu tun. Gandhi war ihm ein väterlicher Freund geworden. Es war typisch, so schrieb Nehru über Gandhis Warmherzigkeit, dass er noch inmitten des größten politischen Trubels bemerkte, dass Nehrus Tochter Indira[84] glücklicher und gesünder als zuvor wirkte, und ihrem Vater darüber schrieb.

Nehru war nicht die einzige Verbindung, die weiterhin zwischen Gandhi und dem Nationalkongress bestand. Er hielt Kontakt zu Rajendra Prasad und seinen anderen alten Leuten im Arbeitsausschuss. Oft baten sie ihn zu ihren Sitzungen hinzu, die bisweilen sogar in Wardha stattfanden. Durch persönliche Gespräche oder auch handschriftliche Notizen, die Gandhi während seiner Schweigetage verfasste, lenkte er weiterhin die Geschicke des Kongresses. Er sorgte dafür, dass man Nehru 1936 und 1937 zum Kongresspräsidenten machte. Und als dessen Nachfolger Subhas Chandra Bose 1939 gegen Gandhis erklärten Willen ebenfalls ein zweites Mal gewählt wurde, nötigte Gandhis Einfluss Bose zum Rücktritt. Gandhi sprach auch bei der Besetzung der Ministerposten mit, die dem Kongress nach seinem überwältigenden Erfolg bei den Landtagswahlen Anfang 1937 zufielen. Die Inder durften im Rahmen der Verfassungsreform von 1935 eigene Provinzregierungen bilden, die allerdings weiterhin von dem jeweiligen Provinzgouverneur abhängig waren.

Jinnahs Muslim-Liga hatte bei den Wahlen eine herbe Niederlage erlitten. Dort, wo die Muslime die Bevölkerungsmehrheit

Führende Politiker wie Jawaharlal Nehru und Abul Kalam Azad reisten in die tiefe Provinz nach Wardha, um mit Gandhi zu sprechen, August 1935

stellten, machten regionale Muslim-Parteien das Rennen, und in den meisten übrigen Provinzen triumphierte der Kongress. Jinnah hoffte, dass der Kongress die Liga dennoch in der Provinz Bombay in eine Koalition einbinden würde. Er fand jedoch weder Nehrus noch Gandhis Unterstützung. In der folgenden Zeit suchte Jinnah die Nähe der regionalen Muslim-Führer und steuerte auf einen immer radikaleren Oppositionskurs gegenüber dem Nationalkongress zu. Er verurteilte ihn als ein rein hinduistisches Gremium, dessen muslimische Mitglieder eine irregeleitete Minderheit seien. Im Dezember 1938 griff er in einer Rede vor der Muslim-Liga auch Gandhi scharf an: «Ich zögere nicht zu sagen, dass es Mr. Gandhi ist, der die Ideale zerstört, mit denen der Kongress einst angetreten ist. Er allein trägt die Verantwortung dafür, dass aus dem Kongress ein Instrument zur Wiedererweckung (revival) des Hinduismus geworden ist. Sein Ziel ist es, die Hindu-Religion auferstehen zu lassen und eine hinduistische Herrschaft in diesem Land zu errichten, und für diese Zwecke benutzt er den Kongress.»[85]

Jinnah hatte recht, dass Gandhi die Religion in die Politik getragen hatte, zumindest in den Kongress. Denn bereits vor Gandhis Eintritt in die indische Politik hatten einflussreiche Nationalisten wie Tilak regional die Massen für die Nationalbewegung mobilisiert, indem sie hinduistische Feste ausrichteten und sich traditioneller Symbole bedienten. Seit 1896 organisierte Tilak ein jährliches Fest zu Ehren Shivajis, jenes berühmten Marathen-Führers, der im 17. Jahrhundert die Angriffe des Mogulreichs abwehrte und noch heute in Volkserzählungen für seinen heldenhaften Kampf gegen die muslimischen Invasoren gepriesen wird. Anders als Tilak jedoch, der mit seinen Aktionen Ausschreitungen zwischen Hindus und Muslimen provozierte, beschwor Gandhi die Einheit der Nation. Hindus und Muslime gehörten verschiedenen Religionen an, doch sie alle führten ein einfaches religiöses Leben, das sie gegenüber der materialistischen Zivilisation des modernen Westens eine, so glaubte Gandhi. Er suchte nach religionsübergreifenden Symbolen einer solchen gemeinsamen altindischen Zivilisation und stellte keine hinduistischen Götter oder Shivaji in den Mittelpunkt seiner Kampagnen, sondern das Spinnrad und das Recht auf Salzgewinnung.

Trotz allem aber blieb Gandhi ein Hindu, noch dazu einer von traditionell ländlicher Herkunft. Es war ihm auch deshalb gelungen, den Nationalkongress zu einer Massenbewegung zu machen, weil er die Sprache der einfachen Leute sprach. Er verwendete in seinen Reden gern hinduistische Gleichnisse und

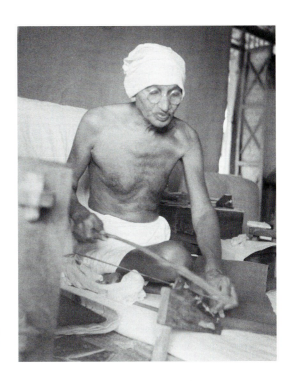

Gandhi bei der täglichen Handarbeit in seiner Hütte, 1940

griff mit der Kuhverehrung oder dem Königreich Ramas auch brisante religiöse Themen auf. Nehru und andere mochten dies bedauern – doch so war Gandhi eben. Der Politiker in ihm hoffte möglicherweise, die starke hindunationalistische Strömung an den Rändern des Kongresses einzubinden; dennoch war Gandhis religiöse Sprache in der Politik letztlich keine Taktik, sondern entsprach seiner zutiefst religiösen Weltsicht. Es scheint, dass er den Hindunationalisten ungewollt Auftrieb gegeben hat – allerdings weniger dadurch, dass er auf seine eigene Weise Religion und Politik verquickte, sondern indem er ihren scharfen Widerstand provozierte. Bereits in den 1920er Jahren hatte Gandhis erfolglose Allianz mit der reaktionären Khilafat-Bewegung nicht nur für Unmut unter gemäßigten Muslimen wie Jinnah gesorgt, sondern auch unter vielen Hindus. Zeigte nicht gerade diese Bewegung, so fragten manche, dass die Loyalität der Muslime nicht

Indien, sondern irgendeinem fernen Kalifen galt? In den Augen radikaler Führer verriet Gandhis Politik die Interessen der Hindus: Jahrhundertelang waren sie erst von muslimischen Herrschern, dann von den Briten unterdrückt worden, und nun kam Gandhi und schwächte die Hindus mit seiner Gewaltlosigkeit und seinem Verständnis für die Muslime, anstatt für ihre Rechte zu kämpfen.

Gandhi spürte, dass ihn viele Landsleute nicht verstanden. Und er sah mit zunehmender Enttäuschung, dass auch jene, die ihm folgten, Gewaltlosigkeit nicht selten als bloße Strategie betrachteten. Einen Tiefpunkt erreichte seine Stimmung im Frühjahr 1939, als er in den heimatlichen Fürstenstaat Rajkot eilte, wo ein Konflikt um mehr demokratische Rechte schwelte. Weil der Fürst seine Zusagen nicht einhielt, fastete Gandhi vier Tage lang und erreichte, dass der Vizekönig den obersten Richter Indiens mit einer Entscheidung beauftragte. Der Fürst und seine Berater scherten sich jedoch nicht um das Urteil, und überhaupt schien die Lage wesentlich komplexer, als Gandhi ursprünglich angenommen hatte. Verzweifelt zog er sich zurück und entband den Fürsten von der Verpflichtung durch den Schiedsspruch. Nehru und andere Kollegen waren über dieses Verhalten entsetzt. Der Fall zeigte auch, wie wenig Gandhi gegenüber einem Feind ausrichten konnte, dem seine moralische Legitimität gleichgültig war.

«Quit India!»: die Kampagnen während des Zweiten Weltkriegs

Als der Vizekönig Lord Linlithgow sich im September 1939 im Namen Indiens der britischen Kriegserklärung an Hitler anschloss, ohne die Inder auch nur zu konsultieren, ließ der Nationalkongress aus Protest seine Provinzregierungen zurücktreten. Damit war der parlamentarische Weg zur Macht wieder versperrt. Nehru und viele andere Politiker unterstützten den Kampf gegen den Faschismus, aber man war nur gewillt, den Briten im Krieg beizustehen, wenn sie verbindliche Zusagen hinsichtlich Indiens politischer Zukunft machten. Auch Gandhis Sympathien waren aufseiten der Alliierten. Er verstand jedoch wenig von internationalen Problemen und überließ es Nehru, die Position des Kongresses darzulegen. Seit die Kriegsgefahr zugenommen hatte, war Gandhi immer häufiger zu einer Stellungnahme gedrängt worden. Menschen aus aller Welt wollten wissen, was der Apostel der Gewaltlosigkeit angesichts der Bedrohung empfahl.

Wenn es je einen gerechtfertigten Krieg im Namen der Menschlichkeit geben kann, hatte Gandhi 1938 erklärt, *dann wäre es ein Krieg gegen Deutschland, um die mutwillige Verfolgung einer ganzen Rasse zu verhindern. Aber ich glaube an überhaupt keinen Krieg. Eine Diskussion des Für und Wider eines solchen Krieges ist folglich jenseits meines Horizonts oder meiner Zuständigkeit.*[86] In seinem Artikel *Wenn ich ein Tscheche wäre* riet Gandhi im selben Jahr den bedrohten kleinen Nationen, sich Hitler gewaltlos zu widersetzen, anstatt auf eine Intervention Englands und Frankreichs zu hoffen, die wie jedes militärische Handeln nur Blutvergießen und Zerstörung bringen könne. Vielleicht würde man durch einen unbewaffneten Kampf sein Leben verlieren, niemals aber seine Seele oder seine Ehre. Auf den Einwand, dass Hitler ein vollkommen anderer Gegner als die Briten sei und kein Erbarmen kenne, antwortete er, dass man den wahren gewaltlosen Widerstand gegen ihn noch nicht erprobt habe. Gandhi schrieb eigenhän-

> As at Wardha
> C.P.
> India.
> 23.7.'39.
>
> **Dear friend,**
>
> Friends have been urging me to write to you for the sake of humanity. But I have resisted their request, because of the feeling that any letter from me would be an impertinence. Something tells me that I must not calculate and that I must make my appeal for whatever it may be worth.
>
> It is quite clear that you are today the one person in the world who can prevent a war which may reduce humanity to the savage state. Must you pay that price for an object however worthy it may appear to you to be ? Will you listen to the appeal of one who has seliberately shunned the method of war not without considerable success? Any way I anticipate your forgiveness, if I have erred in writing to you.
>
> Herr Hitler
> Berlin
> Germany.
>
> I remain,
>
> Your sincere friend
>
> M.K.Gandhi

Gandhis erster Brief an Adolf Hitler, datiert 23. Juli 1939

dig an Hitler, um ihn zum Umdenken zu bewegen; seine beiden Briefe wurden aber, wenig überraschend, von den Briten nicht weitergeleitet.

Der Krieg stellte Gandhis Glaube an das Gute im Menschen auf eine harte Probe. Gandhi wusste, dass es niemals möglich war, gänzlich gewaltlos zu leben. Allein dadurch, dass man irgendwo steht, verletze man zahllose Mikroorganismen, schrieb er einmal. Auch gestand er im Alter des Öfteren ein, dass staatliche Gewalt oder Gewalt zur Selbstverteidigung unter bestimmten Umständen gerechtfertigt sei. Doch letztlich hielt er immer an seiner Überzeugung fest, dass die Gewaltfreiheit der eigentlichen Bestimmung des Menschen entspricht. Für Gandhi war das Böse in der Welt keine feste Größe, mit der man rechnen musste, sondern ein Übel, dass die Menschen durch ihr eigenes Denken und Verhalten überwinden konnten. Umso mehr entsetzte ihn die Realität des Kriegs: *Im Verborgenen meines Herzens hadere ich ständig mit Gott, wie ER all dies geschehen lassen kann. Meine Gewaltlosigkeit scheint beinahe machtlos. Doch am Ende meines täglichen Ringens erkenne ich, dass weder Gott noch die Gewaltlosigkeit unfähig sind, sondern allein der Mensch. Ich muss es weiter versuchen, ohne den Glauben zu verlieren – und wenn ich daran zerbreche.*[87]

Wenig ermutigend verlief in jenen Jahren ebenfalls die Debatte mit den Muslimen. Jinnah hatte den Rücktritt der Kongressregierungen als einen «Tag der Erlösung» feiern lassen. Im März 1940 übernahm er in einer Ansprache vor der Muslim-Liga erstmals öffentlich die Forderung nach einem separaten Muslim-Staat. Hindus und Muslime seien in geistiger, sozialer, wirtschaftlicher, in einfach jeder Hinsicht zwei verschiedene Nationen, die niemals friedlich in einem gemeinsamen Staat leben könnten, schon gar nicht, wenn eine von ihnen, nämlich die muslimische, in der Minderheit sei. Diese Zwei-Nationen-Theorie verletzte Gandhi zutiefst und widersprach allem, worum er sich stets bemüht hatte. Indien umfasste ein Gebiet von rund der Hälfte Europas, in dem mindestens ebenso viele Sprachen gesprochen wurden und neben Hindus und Muslimen auch noch Sikhs, Buddhisten, Jainas, Christen, Parsen und Angehörige zahlreicher Stammesreligionen lebten. Der Freiheitskampf und das unabhängige Indien brauchten ein Nationalgefühl, das all diese Gemeinschaften einband. Mit großer Überzeugungskraft verbreitete Gandhi die Vision einer multiethnischen und multireligiösen indischen Nation. Und es war ihm tatsächlich immer wieder gelungen, ganz unterschiedliche Bevölkerungsgruppen im Kampf gegen die Kolonialherrscher zu einen. Jinnahs Pläne waren aus dieser Perspektive vollkommen inakzeptabel: *Als ein Mann der Gewaltlosigkeit kann ich mich der Teilung nicht mit Gewalt widersetzen, wenn die Muslime Indiens wirklich auf ihr bestehen. Aber ich werde mich niemals an der Vivisektion beteiligen. Ich würde jedes gewaltlose Mittel nutzen, um sie zu verhindern.*[88]

Seit sich der Kongress wieder auf Oppositionskurs zur Regierung befand, hatte Gandhi eine neue Führungsrolle eingenommen. Nur wenige Kongresspolitiker teilten seine radikal pazifistischen Ansichten; doch man schätzte seine Fähigkeit, die Kolonialherren mit eindrucksvollen Kampagnen unter Druck zu setzen, und sei es nur durch deren Planung. Die Briten hätten die Inder gern in einer nationalen Regierung gesehen, um sich ihrer vollen Unterstützung während des Kriegs zu versichern. Das Angebot, das Vizekönig Linlithgow im August 1940 unterbreitete, war allerdings in den Augen des Kongresses völlig unzureichend. Nachdem Gandhi wie so oft zunächst das Gespräch mit seinem Gegner gesucht, jedoch nichts erreicht hatte, startete er eine neue Kampagne: Prominente wie Vinoba Bhave und Nehru erklärten öffentlich, dass eine Unterstützung des britischen Kriegseinsatzes falsch und allein der gewaltlose Widerstand gegen den Krieg angemessen sei. Tausende Kongressmitglieder folgten ihrem Beispiel, sie sprachen dieselben Worte – und ließen sich für die Ausübung des Rechts auf freie Rede verhaften. Mit dieser Kampagne des individuellen Satyagraha war Gandhi ganz in seinem Element. Doch im Kongress mehrten sich angesichts der Kriegslage bald die Bedenken. Spätestens als im Dezember 1941 Japan in den Krieg eintrat und in Südostasien vordrang, wuchs die Gefahr eines Angriffs auf Indien. Eine Mehrheit im Kongress drängte nun auf den Abbruch der Kampagne und auf eine Zusammenarbeit mit der Regierung, die im selben Monat alle Satyagrahis aus der Haft entließ.

Vor allem auf Druck seiner amerikanischen Verbündeten stimmte Premierminister Churchill einem weiteren Vermittlungsversuch zu und entsandte im März 1942 Sir Stafford Cripps nach Indien. Cripps, der seine Sympathien für Nehru und den Nationalkongress nicht verhehlte, versprach den Indern den Dominion-Status nach dem Krieg, wenn sie im Gegenzug sofort in eine nationale Regierung einträten. Er führte lange Verhandlungen mit Nehru und Maulana A. K. Azad, den beiden Vertretern des Kongresses. Doch man gelangte zu keiner Einigung, da die Kontrolle über die Verteidigung weiter bei den Briten bleiben sollte und Cripps einräumen musste, dass die Souveränität einer indischen Regierung von der Zurückhaltung des Vizekönigs abhängen werde. Linlithgow, der die ganze Mission ohnehin als

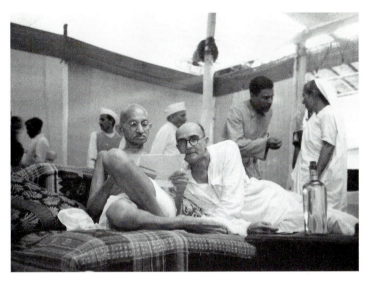

Mit seinem Sekretär Mahadev Desai während einer Kongresssitzung in Bombay, August 1942

eine Einmischung betrachtete, dachte aber nicht daran, Cripps durch derartige Zusagen zu unterstützen. Und so scheiterte die Cripps-Mission.

Gandhi sann bereits über eine große Massenkampagne nach. Viele Kongresspolitiker waren angesichts der Bedrohung durch die Japaner geradezu entsetzt, als er schließlich vorschlug, die Briten zum sofortigen Abzug aufzufordern. Ursprünglich wollte Gandhi sogar alle ausländischen Truppen aus Indien verbannen. Nach etlichen Diskussionen, in denen etwa der amerikanische Journalist Louis Fischer ihm klarmachte, dass die Alliierten Indien niemals schutzlos den Japanern ausliefern würden, kam Gandhi schließlich Nehru und den anderen entgegen. Die «Quit-India»-Resolution, die der Kongress im August 1942 verabschiedete, forderte die britische Kolonialmacht zum sofortigen Rückzug auf, erklärte aber gleichzeitig die Bereitschaft eines unabhängigen Indien, alliierte Truppen im Land zu dulden. Gandhi sollte der Aufforderung «Quit India!» (Verlasst Indien!) mit einer Kampagne Nachdruck verleihen und gab dazu die berühmt gewordene Losung *Do or die* (Handeln oder sterben) aus. Was genau darunter zu verstehen war, wartete der Vizekönig gar nicht erst ab, sondern ließ Gandhi samt den übrigen Kongressführern umgehend festnehmen.

Die Verhaftungen lösten Unruhen unter jungen Kongressanhängern aus. Sie stürmten die verhassten Regierungsgebäude, brannten Polizeistationen nieder oder sabotierten Eisenbahnlinien. Der Vizekönig hatte mit hartem Durchgreifen die Lage nach wenigen Wochen wieder im Griff. Er gab Gandhi die Schuld an den Gewaltausbrüchen. Verzweifelt versuchte dieser, Linlithgow in Briefen von seiner Gewaltlosigkeit zu überzeugen, und fastete Anfang 1943 sogar drei Wochen, um der Wahrheit zum Durchbruch zu verhelfen. Doch der Vizekönig zeigte sich ungerührt und war sogar bereit, den alternden Mahatma sterben zu lassen. Gandhi litt während der Haft nicht nur unter den Vorwürfen Linlithgows. Er hatte kurz zuvor mehrere nahe Freunde verloren, darunter Jamnalal Bajaj und den britischen Geistlichen Charles Freer Andrews, der seinen Weg seit den Tagen in Südafrika begleitete. Nun starben, während sie gemeinsam mit ihm in Haft saßen, auch noch Gandhis Sekretär Mahadev Desai und seine Frau Kasturba. Obwohl sie sich in den letzten Jahren nicht häufig gesehen hatten und Kasturba unnachgiebig gegenüber manchen seiner Reformbemühungen geblieben war, hatte sie stets treu zu ihm gestanden und einige Male seine Aktionen aktiv unterstützt. Gandhi hatte sich der Rolle des gewöhnlichen Familienvaters entzogen, dennoch liebte er Kasturba und die Kinder auf seine eigene Weise, und der Tod Kasturbas berührte ihn mehr, als er gedacht hatte.

Gandhis Verhältnis zu seinen vier Söhnen war nicht besonders eng, im Falle seines Ältesten sogar regelrecht schlecht: Harilal bereitete seinem Vater ständigen Kummer. Er trank, hatte Schulden, war kurzzeitig zum Islam übergetreten und dann wieder rekonvertiert, was sein Vater als unaufrichtig ablehnte. Manilal, der Zweitälteste, hatte in Südafrika bleiben müssen, um die Zeitschrift *Indian Opinion* herauszugeben. Am nächsten standen Gandhi wohl seine beiden jüngsten Söhne Ramdas und Devdas. Doch auch Devdas sollte sich später erinnern, dass er nur äußerst selten Momente mit ihm allein verbracht hatte und ihn eher wie seine Landsleute als den Mahatma und nicht als Vater kannte.

Erneute Haft

Wenige Monate nach Kasturbas Tod wurde Gandhi im Mai 1944 aus gesundheitlichen Gründen aus der Haft entlassen. Churchill erwartete, dass der 74-Jährige sich nicht mehr erholen werde, und bestand darauf, dass es keine Verhandlungen mit ihm geben dürfe. Da Gandhi keinen Erfolg bei dem neuen Vizekönig Lord Wavell hatte, schien ihm die einzige Möglichkeit zur Überwindung des politischen Stillstands, noch einmal das Gespräch mit Jinnah zu suchen. Im September kamen die beiden zu langen Verhandlungen in Jinnahs Haus in Bombay zusammen. Die Idee eines separaten Staats übte inzwischen eine große Anziehungskraft auf die indischen Muslime aus, und Jinnahs Muslim-Liga hatte an Stärke gewonnen. Gandhi wollte gemeinsam mit den Muslimen die Unabhängigkeit erringen. Er war etwas realistischer geworden und ließ sich darauf ein, mit Jinnah über eine mögliche Teilung des Landes nach Abzug der Briten zu sprechen. Jinnah aber wollte erst die Teilung und dann die Unabhängigkeit. Außerdem bestand er weiterhin darauf, den Nationalkongress als bloße Vertretung der Hindus zu betrachten. Jinnah blieb hart und unnachgiebig, und wie so häufig kamen er und Gandhi sich auch dieses Mal nicht näher.

Enttäuscht vom Ausgang der Gespräche zeigte sich auch Vizekönig Wavell, der dringend eine indische Übergangsregierung brauchte, um nach dem baldigen Kriegsende die Lage im Land unter Kontrolle zu behalten. Er drängte Churchill seit langem, aktiv werden zu dürfen, doch erst im Mai 1945 bekam er endlich grünes Licht für eine neue Regierungsinitiative. Wavell entließ die inhaftierte Kongressführung und lud die indischen Politiker zu einer Konferenz nach Simla ein. Auch Gandhi kam. Er überließ jedoch die Verhandlungsführung dem Kongresspräsidenten Azad, einem Muslim. Jinnah, der dies als eine Provokation empfunden haben dürfte, beharrte weiter auf dem Alleinvertretungsanspruch für die Muslime. Weder der Kongress noch die regionalen Muslim-Parteien sollten nach seinem Willen über die muslimischen Vertreter in dem neu zu bildenden Rat mit-bestimmen dürfen. Damit geriet – worauf Churchill von vornherein gesetzt hatte – auch die Simla-Konferenz zu einem Fehlschlag.

Längst war jedoch klar, dass die indische Unabhängigkeit nach dem Krieg nicht mehr dauerhaft abzuwenden war. Die Inder, inzwischen hochqualifiziert und oftmals besser ausgebildet als ihre britischen Kollegen im Verwaltungsdienst, drängten ungeduldig an die Macht. Auch in der westlichen Öffentlichkeit hatte die britische Herrschaft an Legitimität verloren. Bereits seit dem Ende des Ersten Weltkriegs ahnte man in Europa, dass die Zeiten des Imperialismus vorbei waren, und Großbritanniens Eliten strebten für ihre Kinder immer seltener eine Karriere im indischen Kolonialdienst an. London hatte die Entwicklung durch immer neue Reformen hinauszögern können; doch nun drohte Indien ganz verlorenzugehen, wenn man keine weitreichenden Zugeständnisse machte. So hatte auch Wavell im Oktober 1944 in einem Brief an Churchill eindringlich gewarnt: Ein zufriedener Partner im Commonwealth sei wesentlich nützlicher als ein feindseliger Abhängiger, der nur unter hohen moralischen und finanziellen Kosten kontrolliert werden könne. Weder die britische noch die Weltöffentlichkeit würden eine weitere gewaltsame Unterdrückung Indiens dulden. Die weitaus größte Gefahr, so Wavell, «besteht darin, dass Indien nach dem Krieg zu einer chronischen Wundstelle wird, die die Kraft des Britischen Empire aufzehrt. Ich meine, dass es noch immer möglich ist, Indien innerhalb des Commonwealth zu halten, obwohl ich denke, dass dies nicht einfach wird. Wenn wir jetzt nichts unternehmen, mögen wir Indien noch ein paar Jahre ohne Schwierigkeiten niederhalten können, doch am Ende wird es ins Chaos und möglicherweise in andere Hände fallen.»[89]

«Eine einsame Stimme in der Wildnis» verstummt

Die indische Unabhängigkeit rückte nach Kriegsende in greifbare Nähe, doch Gandhi wurde zunehmend deprimiert. All seine politischen Bemühungen der vergangenen Monate waren fehlgeschlagen, und im Kongress übernahmen erneut andere das Ruder. Die neue Labour-Regierung in London ließ zunächst wieder einmal indische Parlamentswahlen abhalten, aus denen Jinnahs Muslim-Liga als zweitstärkste Kraft neben dem Kongress hervorging. Erst im März 1946 endlich schickte die Regierung drei Kabinettsmitglieder nach Indien, um die Weichen für die Unabhängigkeit zu stellen. Der Plan, den Cripps und seine beiden Kollegen ausarbeiteten, sah ein geeintes Indien mit starken Provinzen vor, die wiederum Provinzgruppen bilden sollten. Der Nationalkongress und die Muslim-Liga konnten sich weder über den Status dieser Provinzgruppen noch über die Zusammensetzung einer Übergangsregierung einigen, und so reisten die britischen Minister im Juni ohne Ergebnis wieder ab. Im August beauftragte der Vizekönig Nehru als Führer der stärksten Partei mit der Bildung einer Interimsregierung. Nehru bot der Muslim-Liga die Hälfte der Ministerposten an. Doch Jinnah, der eigentlich nach einem separaten Staat strebte, lehnte zunächst ab, weil der Kongress seinerseits muslimische Minister benennen wollte.

Die Muslim-Liga hatte für den 16. August zu einem «Direct Action Day» aufgerufen, an dem sie ihren Anliegen lautstark Nachdruck verleihen wollte. In Kalkutta eskalierte der Protesttag mit Billigung des muslimischen Ministerpräsidenten Bengalens zu einem Massaker. Über 5000 Hindus wurden ermordet, und Scharen hinduistischer Arbeiter flohen aus der Stadt in ihre benachbarten Heimatregionen. Es folgten Racheakte der Hindus, und in kürzester Zeit geriet die Gewalt in der Region außer Kontrolle. Besonders schlimm war die Lage im ostbengalischen Bezirk Noakhali, wo Morde und Zwangsbekehrungen die hinduistische

Minderheit in die Flucht trieben. Gandhi reiste im Oktober nach Noakhali. Sein Besuch sollte keine Stippvisite werden, sondern er wollte bleiben und unter den Menschen leben, bis der Frieden wieder einkehrt. Mit einem Dolmetscher zog Gandhi zu Fuß von Dorf zu Dorf. Er besuchte die Häuser von Opfern und Tätern und versuchte unermüdlich, die Bewohner zu besänftigen und durch seine Anwesenheit für eine sichere Rückkehr der Flüchtlinge zu bürgen. Entsetzt erlebte er die Feindseligkeit vieler Landsleute, der Muslime ebenso wie der Hindus, die in der Nachbarregion Bihar inzwischen Tausende Muslime ermordeten. *Wir scheinen jede Vernunft begraben zu haben. Vernunft verlangt nach Mut. Was hier passiert, hat nichts mit Tapferkeit zu tun. Es ist die blanke Negation der Menschlichkeit. Wir haben uns nahezu in Bestien verwandelt.* [90]

Gandhi quälte sich angesichts der allgegenwärtigen Gewalt mit Selbstzweifeln. Er suchte die Ursachen des Übels auch in der Unvollkommenheit seiner eigenen Gewaltlosigkeit und verfiel in seiner Verzweiflung während des Bengalenaufenthalts auf eine eigenwillige Selbstprüfung: Er begann, nackt neben einigen Frauen zu schlafen, die er gut kannte, darunter seiner Großnichte Manu. Indem er seine Fähigkeit testete, sexuell nicht erregt zu werden, wollte sich der alternde Mahatma seiner geistigen Kraft versichern. Diese Episode, die bis heute Anlass für Spott und Ablehnung gibt, war allerdings nur von kurzer Dauer. Denn Gandhi bemerkte bald, wie sehr er die Gefühle selbst engster Weggefährten verletzte, und brach sein Experiment wieder ab.

Er war gerade in die Unruhegebiete Bihars geeilt, als ihn der neue Vizekönig Lord Mountbatten Ende März 1947 zu einem Gespräch einlud. Mountbatten war ein resoluter Staatsmann, der alle Vollmachten besaß, die britische Herrschaft bis zum Sommer des darauffolgenden Jahres endgültig abzuwickeln. Anders als seine Vorgänger pflegte er jedoch einen offenen Umgang mit den Indern. Er lud seine indischen Kollegen zu sich ein, und mit Nehru entwickelte er eine regelrechte Freundschaft. Gandhi schlug Mountbatten bei ihrem ersten Treffen überraschend vor, Jinnah zum Premierminister zu machen. Auf diese Weise wollte er Jinnah für ein geeintes Indien verpflichten. Doch Gandhi musste diesen Vorschlag selbst wieder zurückziehen, da er im

Vizekönig Mountbatten verhandelt mit Nehru (links) und Jinnah in Delhi über die Zukunft Indiens, 2. Juni 1947

Nationalkongress keine Zustimmung fand. Mountbatten hatte angesichts der schwelenden Gewalt keine Zeit zu verlieren und begann, einen Plan für die Teilung des Landes zu entwerfen. Er holte dazu aus London nicht nur die Zustimmung der Regierung, sondern auch die der konservativen Opposition ein, die Jinnah durch ihre Unterstützung in der Vergangenheit so häufig in seiner Verweigerungshaltung bestärkt hatte. Mit der Rückendeckung aus London drängte Mountbatten nun auch die indischen Politiker, seinem Teilungsplan zuzustimmen. Er erhöhte den Handlungsdruck zusätzlich, indem er den Termin für die Unabhängigkeit so weit vorzog, dass nur noch rund zwei Monate bis dahin verblieben.

Nehru und andere hatten sich inzwischen mit der Teilung Indiens abgefunden, da ihnen andernfalls eine Balkanisierung des Landes zu drohen schien. Gandhi aber lehnte die Zwei-Nationen-Theorie weiter vehement ab und hoffte, wenn die Briten erst einmal abzögen, würden die Inder schon irgendwie zusammenfinden. Dennoch verhielt er sich loyal gegenüber dem Nationalkongress und rief nicht zum Widerstand gegen die Teilungspläne auf. Dies war auch dem diplomatischen Geschick Mountbattens zu verdanken, der Gandhi mehrfach persönlich aufsuchte und um sein Verständnis bat. Gandhi spürte, dass Indien auf dem Weg in eine neue Zeit war, in der er keinen Platz mehr fand. Was da entstand, war nicht die Unabhängigkeit, für die er so viele Jahre gekämpft hatte. Und so kam es, dass Gandhi am 15. August 1947, als Indien endlich in die Freiheit entlassen wurde, den Feierlichkeiten fernblieb und den Tag mit Spinnen und Fasten verbrachte. Nicht einmal eine Grußbotschaft sandte er. *Es gibt keine Botschaft. Wenn das schlecht ist, dann ist das eben so.*[91]

Gandhi wurde während der Feiern von zahlreichen Rednern gewürdigt. Die Nationalbewegung hatte ihm in der Tat viel zu verdanken. Es war Gandhi, der den Nationalkongress zu einer populären Massenbewegung gemacht hatte. Immer wieder hatte er die verschiedenen Flügel im Kongress zusammengebracht, er hatte für Effizienz und Basisarbeit gesorgt und so wesentlich dazu beigetragen, dass die Kongresspartei dem jungen Staat eine stabile Regierung geben konnte. Dabei hatte er selbst dem Kongress eigentlich eine ganz andere Rolle im unabhängigen Indien zugedacht: In den letzten Monaten seines Lebens arbeitete Gandhi an einem neuen Statut, das den Kongress in eine überparteiliche Organisation verwandeln sollte, die an den Wurzeln der Gesellschaft Demokratie, Bildung und Gesundheit fördert. Dieser Entwurf, der manchmal als Gandhis politisches Testament bezeichnet wird, sollte ebenso wenig Realität werden wie viele seiner anderen Visionen. Das unabhängige Indien unter Premierminister Nehru würde eine starke Zentralgewalt entwickeln und den Weg des industrialisierten Westens gehen. Und dennoch lag eine der großen Leistungen Gandhis gerade in der Vision, die er der Nationalbewegung gegeben hatte. Indem er sich selbstbewusst auf die indische Tradition stützte, anstatt sich durch Imitation des westlichen Lebensstils den Briten anzudienen, gab er seinen Landsleuten neuen Mut und neue Selbstachtung. Er besaß das Charisma und das Gespür für die einfachen Massen, um ganz unterschiedliche Bevölkerungsschichten mit diesem neuen Nationalgefühl anzustecken. Und auch nach außen präsentierte Gandhi ein neues Indienbild, das so ganz anders erschien als das Vielvölkerchaos, auf das die Kolonialherren zu ihrer Rechtfertigung so gern verwiesen. Gandhis eigenwillige Kampagnen haben die britischen Machthaber immer wieder irritiert, sie moralisch bloßgestellt und der indischen Nationalbewegung weltweite Sympathien eingetragen. Er hat den indischen Freiheitskampf mit diesen Aktionen vorangebracht und ihm seinen einzigartigen Charakter gegeben. Und dennoch war die Nationalbewegung weit mehr als Gandhi – sie existierte, bevor er kam, und sie hätte ihr Ziel wohl eines Tages auch ohne ihn erreicht. Wie sie sich in den vergangenen Jahrzehnten immer wieder ohne Gandhi fortbewegt hatte, so ging die indische Politik nun endgültig ihren eigenen Weg.

Gandhi nutzte seinen schwindenden Einfluss und seine verbleibende Kraft, um für die Wiederherstellung des Friedens zu kämpfen. Während seine ehemaligen Mitstreiter in Delhi die Unabhängigkeit feierten, hielt er sich in Kalkutta auf, wo die seit einem Jahr brodelnden Unruhen infolge der Teilung eskalierten. Er überredete den ehemaligen muslimischen Ministerpräsidenten, der das Feuer einst mit angefacht hatte, gemeinsam mit ihm die gefährlichsten Viertel der Stadt zu besuchen und sogar eine Weile unter den dortigen Bewohnern zu leben. Die Anwesenheit der beiden Führer hatte zunächst eine erstaunlich beruhigende Wirkung. Als sich die Lage jedoch bald wieder verschärfte, wurde Gandhi nachts von einer Horde aufgebrachter Hindus bedroht. Nur knapp verfehlte ihn ein Stein, und es gelang nicht, die Angreifer mit Worten zu besänftigen. Nachdem schließlich die Polizei einschreiten musste, entschied sich Gandhi, am 1. September mit einem Fasten die erhitzten Gemüter zu beruhigen. Noch einmal vermochte die Kraft dieser Geste die Menschen zu beeindrucken: Die Führer der einflussreichsten Gruppen der Stadt versicherten dem berühmten alten Mann schriftlich, für Frieden zu sorgen – und tatsächlich kam die Gewalt eine Weile zum Stillstand. Selbst Mountbatten, der im Dienst der neuen indischen Regierung stand, war von Gandhis moralischer Überzeugungskraft beeindruckt. Voller Hochachtung sprach er von einer «Ein-Mann-Grenztruppe», der in Bengalen gelungen sei, wozu selbst Zehntausende Soldaten im Panjab nicht in der Lage waren.

Muslime drängen im September 1947 auf einen Zug Richtung Pakistan. Die Teilung des Landes in die Staaten Indien und Pakistan löste millionenfaches Flüchtlingsleid aus.

Der Panjab war wie Bengalen in besonderer Weise von Gewalt und Vertreibung betroffen, da die Teilung Britisch-Indiens beide Regionen gespalten hatte. Der neue Muslim-Staat Pakistan bestand aus zwei separaten Gebieten, dem späteren Bangladesch im Osten und dem heutigen Pakistan im Nordwesten. Während aus Pakistan die hinduistische Minderheit vertrieben wurde, mussten in Indien die Muslime um ihr Leben fürchten. Die Teilung löste gewaltige Flüchtlingsbewegungen aus und kostete am Ende schätzungsweise einer Million Menschen, Hindus und

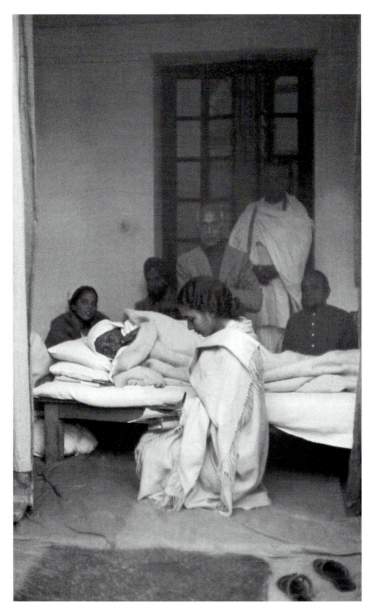

Gandhis letztes Fasten, Januar 1948

Muslimen, das Leben. Gandhi wollte nach seinem Einsatz in Kalkutta auch im Panjab helfen. Unterwegs dorthin wurde er jedoch in der Hauptstadt Delhi aufgehalten, die angesichts täglich neuer Ankömmlinge ebenfalls in Chaos und Gewalt versank. Gandhi zog durch die Flüchtlingslager und versuchte verzweifelt, die Menge zu besänftigen. Viele Menschen hatten die Ermordung von Angehörigen und Nachbarn erleben müssen und entwickelten nun unbändige Hass- und Rachegefühle. Diese Emotionen bekam Gandhi auch bei seinen täglichen Gebetstreffen zu spüren, auf denen sich immer häufiger Widerstand gegen die Rezitation von Koranversen regte. Gandhis Bemühen um einen Verbleib der Muslime in ihrer indischen Heimat erschien manchen Landsleuten geradezu als Verrat. Am 16. September störten zornige Hindus die Andacht und riefen «Tod für Gandhi», sodass die Veranstaltung schließlich abgebrochen werden musste.

Gandhis Kampf wurde immer aussichtsloser. *Niemand hört mehr auf mich. [...] weder der Kongress noch die Hindus oder Muslime hören auf mich. [...] Ich bin eine einsame Stimme in der Wildnis*[92], hatte er bereits im April geklagt. Gandhi fühlte sich von Dunkelheit und Elend umgeben und verspürte keinen Wunsch mehr nach einem langen Leben. Mirabehn, die Gandhi nach längerer Zeit in Delhi wiedertraf, hatte ihn noch nie von solch innerer Traurigkeit erfüllt gesehen. Er war «bleich und abgezehrt», und «sobald er sich, zwischen den zahllosen Unterredungen, unbeobachtet glaubte, nahm sein Antlitz einen gedankenschweren Ausdruck an»[93]. Im Januar 1948 unternahm Gandhi ein letztes großes Fasten. Es richtete sich an das Gewissen aller, wie er erklärte, und sollte Delhi zum Frieden verhelfen. Nicht zu Unrecht fühlten sich allerdings Innenminister Patel und andere ehemalige Weggefährten in der Regierung direkt angesprochen. Sie enthielten Pakistan Gelder vor, die dem Nachbarn nach Teilung der Staatskasse eigentlich zustanden. Aufgrund von Gandhis sechstägigem Fasten wurde das Geld bald darauf doch bedingungslos ausgezahlt. Dass Gandhi dem pakistanischen Feind, der Freischärler in Kashmir unterstützte, nun auch noch bei der Finanzierung seines Kampfs geholfen hatte, brachte für eine Gruppe militanter Hindus aus Maharashtra das Fass zum Überlaufen.

THE SAINT AND THE TIGER

Gandhi versucht einen Tiger (der die Gewalt zwischen den Religionsgemeinschaften verkörpert) von den Vorzügen des Fastens zu überzeugen. Karikatur von David Low, erschienen im «Evening Standard» am 20. Januar 1948

Zwei Tage nach Beendigung des Fastens, am 20. Januar, explodierte erstmals eine Bombe während eines Gebetstreffens. Gandhi blieb unverletzt, doch er weigerte sich, die Menschen, die zu seinen Andachten kamen, fortan strikter kontrollieren zu lassen. Solange er auf dieser Welt für etwas zunutze sei, werde Gott ihn beschützen, hatte er oft erklärt. Und am Tag nach dem Attentat sagte er zu Birla: *Ich bin vielleicht der Einzige, der heute noch an die Gewaltlosigkeit glaubt. Ich bete zu Gott, dass er mir die Stärke gibt, diese Gewaltlosigkeit zu demonstrieren, und wenn es durch meine eigene Person ist.*[94] Sollte er durch die Hand eines Attentäters sterben, so wollte er keinen Zorn auf diesen empfinden und mit einem Lächeln und dem Namen Gottes auf den Lippen davongehen. Trotz dieser düsteren Vorahnungen setzte Gandhi unermüdlich seine Arbeit fort. Am 30. Januar 1948 feilte er noch an dem Entwurf des neuen Kongressstatus und führte in seiner Unterkunft auf dem Anwesen der Birla-Familie ein wichtiges Gespräch mit Patel, um dessen Meinungsverschiedenheiten mit Nehru auszu-

Gandhi, gestützt auf seine Großnichten, seine zwei «Spazierstöcke», wie er sie scherzhaft nannte

räumen. Er ist so in seine Rolle als Vermittler vertieft, dass er am Nachmittag ganz gegen seine Gewohnheit verspätet zu seinem Gebetstreffen aufbricht. Auf seine Großnichten Manu und Abha gestützt, schreitet der 78-Jährige in den Park hinüber, wo bereits 500 Menschen warten. Als er wenige Meter vor dem hölzernen

Podium seine Hände zum Gruß seiner Zuhörer faltet, stürmt ein Mann namens Nathuram Godse vor. Er stößt Manu fort und feuert aus nächster Nähe drei Schüsse auf den schmächtigen alten Körper ab. Gandhi sinkt sofort nieder. *Hey Ram*, «Oh Gott», hören ihn die Umstehenden noch murmeln.

Die Nachricht von Gandhis Tod verbreitete sich wie ein Lauffeuer in Delhi. Innerhalb der nächsten Stunde drängten Tausende an den Ort des Geschehens. Die Menschen beteten und sangen religiöse Lieder. Viele weinten. Auch Nehru, der sofort herbeigeeilt war, wurde von seinen Gefühlen überwältigt. In einer Radioansprache unterrichtete er die indische Nation von der Ermordung Gandhis: «Freunde und Kameraden, das Licht ist aus unserem Leben gegangen, und es herrscht rundherum Dunkelheit. […] Ich habe gesagt, das Licht ist verloschen, und doch stimmt das nicht. Denn das Licht, das in diesem Land schien, war kein gewöhnliches. […] es repräsentierte die lebendige Wahrheit […], die ewigen Wahrheiten, es erinnerte uns an

Trauernde umgeben den Leichnam Gandhis, aufgebahrt im Anwesen der Birlas

Die Verbrennungszeremonie an den Ufern der Yamuna, 31. Januar 1948

den rechten Weg, hielt uns von Irrungen fern und führe dieses alte Land in die Freiheit.»⁹⁵ Als am darauffolgenden Tag Gandhis Körper nach hinduistischer Tradition verbrannt wurde, geleiteten 2,5 Millionen Menschen seinen Leichnam zum Ufer des Yamuna-Flusses. Landesweit herrschte großes Entsetzen. Nathuram Godse und seinen Helfern war es gelungen, Gandhi zu töten. Doch mit ihrer Tat hatten sie den radikalen Hindunationalismus auf Jahrzehnte selbst diskreditiert. Die junge Republik sollte nach diesem Schrecken entschlossener als zuvor den Weg des religiösen Pluralismus gehen. Und so hatte Gandhi mit seinem Tod Indien einen letzten großen Dienst erwiesen.

Indien war unabhängig geworden, es war ein multireligiöser demokratischer Staat, und Gandhi hatte an alledem seinen Anteil. Doch vieles, wofür er gekämpft hatte, hatte sich nicht erfüllt. Das

Land war geteilt worden, es erlebte Flucht und Vertreibung. Die Hinwendung zum einfachen ländlichen Leben und die Reform der Gesellschaft von ihren Wurzeln her blieben aus – vor allem aber hatte Gandhi seine Landsleute nicht zur Gewaltlosigkeit bekehren können. Viele Menschen betrachteten sie als bloße Strategie, wie er klagte. Sie praktizierten sie aus einer Position der Schwäche, aus Hilflosigkeit und Ermangelung anderer Methoden, während er nach einer Gewaltlosigkeit der Stärke strebte. Mehrfach waren seine großen Kampagnen in Gewalt abgeglitten. Außerdem hatte Gandhi erkennen müssen, dass er seinen Gegner häufig nicht überzeugen konnte, wie er hoffte, sondern ihn vielmehr durch seine moralische Macht in die Knie zwang.

Die Realität hatte Gandhi die Grenzen seiner Ideale gezeigt – aber noch wohl eindrucksvoller hatte Gandhi bewiesen, welch reale Kraft der Glaube entwickeln kann. Entgegen allen üblichen Erfahrungen und Zweifel hatte er das friedfertige Festhalten an der Wahrheit zu einer Methode in der Politik erhoben. Anders als die unkontrollierbaren Massenaktionen waren seine begrenzten Kampagnen mit disziplinierten Aktivisten durchaus erfolgreich verlaufen. Der Salzmarsch, die Aktionen in Kheda und Bardoli etwa verfehlten ihre Wirkung nicht und demonstrierten die Stärke von Gandhis Methode: Er übertrat mit seinen Anhängern friedlich ungerechte Gesetze und erduldete furchtlos jede Strafe; so führte er die Brutalität der Gegenseite vor und verwandelte sie in seinen moralischen Vorteil. Gandhi hat vorgemacht, wie man einen Gegner, der auf seinen internationalen Ruf und auf die Kooperation seiner Untertanen angewiesen ist, ohne Waffen empfindlich treffen kann. Und so haben seine einfallsreichen Kampagnen weltweit etliche Widerstandsbewegungen inspiriert, darunter Martin Luther King in den USA, die Apartheidsgegner in Südafrika, die westliche Friedensbewegung und in jüngster Zeit manche der friedlichen Revolutionäre Osteuropas.

Gandhi konnte bisweilen ein gewiefter Stratege sein, der erstaunlichen Pragmatismus und Sinn für das unmittelbar Notwendige bewies. Bei alledem aber blieb er ein radikaler Optimist, der mit seinem Glauben an die Fähigkeit der Menschheit zur selbstlosen Liebe auch herbe Enttäuschungen erleben musste. Dass

Gandhis Unterschrift in elf indischen Schriften: Zeit seines Lebens bemühte sich Gandhi, die vielen indischen Sprachen zu erlernen.

aus dem leidenschaftlichen Idealisten dabei nie ein wütender Fanatiker wurde, gehört zu den großen Leistungen Gandhis und hängt eng mit seinen zentralen Konzepten von Wahrheit und Gewaltlosigkeit zusammen. *Satyagraha schließt den Gebrauch von Gewalt aus*, schrieb Gandhi, *weil der Mensch nicht fähig ist, die absolute Wahrheit zu erkennen, und deshalb nicht die Kompetenz besitzt zu strafen.*[96] Gandhi war von den Werten, für die er kämpfte, so sehr überzeugt, dass er mehr als einmal sein eigenes Leben für sie einsetzte. Niemals aber war er bereit, zu ihrer Verteidigung das Leben eines anderen anzutasten. Er hatte die Erfahrung gemacht, dass das, was er für wahr hielt, einem anderen bisweilen als Irrtum erschien. Und aus ihrer jeweiligen Sicht, so fand er, hatten oftmals beide recht. Gandhi wusste, dass er irren konnte und dass jede menschliche Erkenntnis beschränkt war, doch er ließ sich davon nicht lähmen. Ebenso wenig, wie ihn der Eifer für seine Utopie davon abhielt, immer wieder zu zweifeln und bis ins hohe Alter gesellschaftliche und persönliche Experimente zu wagen. Denn das Leben, so sah es Gandhi, ist eine fortwährende Reise auf der Suche nach der Wahrheit: *Der Pfad der Wahrheit ist so schmal, wie er geradlinig ist. Ebenso verhält es sich mit der Ahimsa [d. h. der Gewaltlosigkeit]. Es ist wie der Balanceakt auf der Klinge eines Schwertes. […] Schon die geringste Unaufmerksamkeit lässt einen zu Boden stürzen. Nur durch unermüdliches Bemühen kann man Wahrheit und Ahimsa erreichen. Aber es ist unmöglich für uns, die vollkommene Wahrheit zu erkennen, solange wir in dieser sterblichen Hülle gefangen sind. […] Deshalb müssen wir uns letzten Endes auf unseren Glauben verlassen. Die Unmöglichkeit, in dieser sterblichen Gestalt die Wahrheit in Gänze zu erkennen, war es wohl, die einen Wahrheitssucher in alten Zeiten einst zu dem Gebot der Ahimsa veranlasste.*[97]

Anmerkungen

1 Albert Einstein: Out of my Later Years. New York 1950, S. 240.
2 Zitiert nach Mark Juergensmeyer: «Saint Gandhi», in: John Stratton Hawley: Saints and Virtues. Berkeley 1987, S. 191.
3 Romain Rolland: Mahatma Gandhi. Erlenbach-Zürich 1923, S. 10.
4 Helmut Schmidt in der Wochenzeitung «Die Zeit» vom 29. Januar 1998.
5 M. K. Gandhi: *Eine Autobiographie oder Die Geschichte meiner Experimente mit der Wahrheit*. Gladenbach 2001, S. 16. Im Folgenden ist stets diese deutsche Ausgabe der Autobiographie zitiert. In einigen Fällen wurde dabei die Übersetzung aus dem Englischen leicht überarbeitet.
6 *Autobiographie*, S. 31.
7 *Autobiographie*, S. 38.
8 *Autobiographie*, S. 52.
9 *Autobiographie*, S. 53.
10 *Autobiographie*, S. 51.
11 *Autobiographie*, S. 55.
12 *Autobiographie*, S. 69.
13 *Autobiographie*, S. 70 und 41.
14 *Autobiographie*, S. 103 f.
15 *Autobiographie*, S. 139.
16 *Autobiographie*, S. 156.
17 M. K. Gandhi, *Satyagraha in South Africa*. Ahmedabad 1961, S. 62 f.
18 *Autobiographie*, S. 123 f.
19 *Autobiographie*, S. 125.
20 *Autobiographie*, S. 253 f.
21 Zitiert nach Louis Fischer: Das Leben des Mahatma Gandhi. Frankfurt a. M. 1959, S. 74 f.
22 *Autobiographie*, S. 85.
23 *Autobiographie*, S. 253 f.
24 *Autobiographie*, S. 268.
25 M. K. Gandhi: *Indian Home Rule* (being a Translation of *Hind Swaraj*), 1910, in: The Collected Works of Mahatma Gandhi (fortan abgekürzt: CWMG), Bd. 10, S. 52.
26 *Autobiographie*, S. 184 und 183.
27 *Satyagraha in South Africa*, S. 104–106.
28 *Satyagraha in South Africa*, S. 109.
29 *Satyagraha in South Africa*, S. 339, und *Hind Swaraj*, CWMG, Bd. 10, S. 53.
30 *Satyagraha in South Africa*, S. 159.
31 *Hind Swaraj*, CWMG, Bd. 10, S. 17.
32 *Hind Swaraj*, CWMG, Bd. 10, S. 43.
33 *Hind Swaraj*, CWMG, Bd. 10, S. 60.
34 *Hind Swaraj*, CWMG, Bd. 10, S. 15.
35 Brief an Lord Ampthill, 30. Oktober 1909, CWMG, Bd. 9, S. 509. Zitiert nach Jürgen Lütt: «Mahatma Gandhis Kritik an der modernen Zivilisation», in: Saeculum, Bd. 37, Jg. 1986, S. 99.
36 *Hind Swaraj*, CWMG, Bd. 10, S. 24.
37 Zitiert nach D. G. Tendulkar: Mahatma, Life of M. K. Gandhi, Bd. 1, S. 159 f.
38 Zitiert nach Tendulkar: Mahatma, Bd. 1, S. 179.
39 Zitiert nach Judith Brown: Gandhi, Prisoner of Hope. New Haven 1989, S. 72.
40 *History of the Satyagraha Ashram*, Juli 1932, CWMG, Bd. 50, S. 219–220.
41 Rede in Madras am 14. Februar 1916, CWMG, Bd. 13, S. 219. *Swadeshi* bedeutet wörtlich «zum eigenen Land gehörig» und meint die Hinwendung zu einheimischen Produkten und Traditionen und damit verbunden die wirtschaftliche Selbstgenügsamkeit.
42 *Young India*, 3. Dezember 1925, CWMG, Bd. 29, S. 290.
43 Brief an V. S. Srinivasa Sastri, 9. Februar 1919, CWMG, Bd. 15, S. 87 f.
44 Brief an Pragji Desai, 9. Februar 1919, CWMG, Bd. 15, S. 88.
45 *Autobiographie*, S. 385.
46 *Autobiographie*, S. 393.
47 Brief an G. S. Arundale, 4. August 1919, CWMG, Bd. 16, S. 5.
48 *Young India*, 12. Mai 1920, CWMG, Bd. 17, S. 406.

49 *Navajivan*, 24. 10. 1920, CWMG, Bd. 18, S. 367 f.
50 Zitiert nach Brown: Gandhi, S. 158.
51 Zitiert nach Brown: Gandhi, S. 160.
52 Jawaharlal Nehru: An Autobiography. New Delhi 1967, S. 73.
53 Zitiert nach Shahid Amin: «Gandhi as Mahatma: Gorakhpur District. Eastern UP, 1921–22», in: R. Guha (Hg.): Selected Subaltern Studies 3. Delhi 1984, S. 20. Die Partikel *ji* hinter dem Namen Gandhi ist eine geläufige Form der respektvollen Anrede.
54 Vortrag am 29. August 1921. Zitiert nach Sibnarayan Ray: «Tagore-Gandhi Controversy», in: Ders. (Hg.): Gandhi, India and the World. Philadelphia 1970, S. 127.
55 Tagore in dem Artikel «The Call of Truth», zitiert nach Th. de Bary u. a. (Hg.): Sources of Indian Tradition. New York 1958, S. 793.
56 *Young India*, 1. Juni 1921, CWMG, Bd. 20, S. 162 und 164.
57 *Young India*, 13. Oktober 1921, CWMG, Bd. 21, S. 289.
58 *Young India*, 13. Oktober 1921, CWMG, Bd. 21, S. 291.
59 CWMG, Bd. 23, S. 114.
60 CWMG, Bd. 23, S. 118 f.
61 CWMG, Bd. 24, S. 120.
62 *Young India*, 4. September 1924, CWMG, Bd. 25, S. 86.
63 *Young India*, 6. Oktober 1921, CWMG, Bd. 21, S. 248.
64 *Autobiographie*, S. 13.
65 In einer Rede in Lausanne am 8. Dezember 1931, CWMG, Bd. 48, S. 405.
66 *Harijan*, 29. August 1936, CWMG, Bd. 63, S. 240.
67 *Autobiographie*, S. 12.
68 *Harijan*, 3. März 1946, CWMG, Bd. 83, S. 180.
69 *Harijan*, 30. September 1939, CWMG, Bd. 70, S. 203.
70 *Young India*, 13. und 20. November 1924, CWMG, Bd. 25, S. 255.
71 Mirabehn (Madeleine Slade): An der Seite des Mahatma. Wien 1960, S. 32 f.
72 *Young India*, 6. Oktober 1921, CWMG, Bd. 21, S. 250. Der Begriff «Kastenlose» ist eine irreführende Bezeichnung, die darauf zurückgeht, dass die niedrigsten Kasten und damit die sogenannten Unberührbaren laut mancher brahmanischer Texte außerhalb der Varna-Ordnung stehen. Andere Autoren zählen sie zu den Shudras.
73 Rede am 26. März 1930, Text veröffentlicht in *Navajivan* am 30. März. 1930, CWMG, Bd. 43, S. 126.
74 Zitiert nach Brown: Gandhi, S. 243.
75 *Young India*, 12. Februar 1925, CWMG, Bd. 26, S. 141.
76 In einer Rede am 23. Februar 1931. Zitiert nach D. Hardiman: Gandhi in His Time and Ours. London 2003, S. 238.
77 Äußerung gegenüber Bernard Shaw am 6. November 1931. Veröffentlicht in *Young India*, 19. November 1931, CWMG, Bd. 48, S. 272 f.
78 Zitiert nach Brown: Gandhi, S. 262.
79 *Harijan*, 28. Januar 1939, CWMG, Bd. 68, S. 266.
80 Brief an Nehru vom 5. Oktober 1945, CWMG, Bd. 81, S. 319.
81 Zitiert nach Jürgen Lütt: «Mahatma Gandhis Kritik an der modernen Zivilisation», in: Saeculum, Bd. 37, Jg. 1986, S. 111.
82 Brief an Nehru vom 5. Oktober 1945, CWMG, Bd. 81, S. 320 f.
83 Zitiert nach Judith M. Brown: Gandhi. New Haven 1989, S. 270. Ähnlich auch in Nehrus Autobiographie, S. 372–374.
84 Dass Indira als spätere Premierministerin ebenfalls den Nachnamen Gandhi trug, ist Zufall. Ihr Ehemann war mit dem Mahatma nicht verwandt.

85 Zitiert nach Stanley Wolpert: Jinnah of Pakistan. Delhi 1984, S. 166.
86 *Harijan*, 26. November 1938, CWMG, Bd. 68, S. 138.
87 *Harijan*, 9. September 1939, CWMG, Bd. 70, S. 162.
88 *Harijan*, 13. April 1940, CWMG, Bd. 71, S. 412.
89 Zitiert nach: P. Moon (Hg.): Wavell, The Viceroy's Journal. Oxford University Press 1973, S. 94–99.
90 Rede auf einem Gebetstreffen am 29. Mai, veröffentlicht in *Harijan* am 8. Juni 1947, CWMG, Bd. 88, S. 38.
91 Am 15. August zu einem Officer des Information and Broadcasting Departments der Regierung. Zitiert in Tendulkar: Mahatma, Bd. 8, S. 95 f.
92 Rede auf einem Gebetstreffen am 1. April 1947, CWMG, Bd. 87, S. 187.
93 Mirabehn: An der Seite des Mahatma. Wien 1960, S. 169 und 171.
94 Gespräch mit G. D. Birla, 21. Januar 1948, CWMG, Bd. 90, S. 470.
95 Homer A. Jack (Hg.): The Gandhi Reader. Bloomington 1956, S. 488.
96 *Young India*, 23. März 1921, CWMG, Bd. 19, S. 466.
97 Brief an Narandas Gandhi, Juli 1930, CWMG, Bd. 44, S. 56.

Zeittafel

1869 Mohandas Karamchand Gandhi wird am 2. Oktober in Porbandar geboren. 1882 heiratet er Kasturba Makanji.

1888 Wenige Monate nach der Geburt seines ersten Sohns Harilal bricht er am 4. September zum Jurastudium nach London auf. Im Juni 1891 kehrt er nach Abschluss des Studiums nach Indien zurück, wo er sich als Rechtsanwalt versucht.

1893 Gandhi reist im April nach Südafrika, um für die indische Firma Dada Abdulla & Co. juristisch tätig zu werden. 1892 ist sein zweiter Sohn Manilal zur Welt gekommen.

1894 Unter Gandhis Führung wird der Natal Indian Congress gegründet.

1896 Im Juni reist Gandhi nach Indien, um seine Familie nachzuholen. Während des Aufenthalts veröffentlicht er das *Green Pamphlet* über die Diskriminierung der Inder in Südafrika. Bei der Rückkehr nach Durban wird er im Januar von einem weißen Mob fast gelyncht. Im Mai 1897 Geburt des dritten Sohns Ramdas.

1899 Im Burenkrieg demonstriert Gandhi seine Loyalität gegenüber dem Britischen Empire durch die Aufstellung einer indischen Sanitätertruppe. Im Mai 1900 kommt sein jüngster Sohn Devdas zur Welt.

1901 Im Oktober Rückkehr nach Indien. Ende 1902 begibt sich Gandhi auf Bitten der indischen Gemeinde erneut nach Südafrika. Er eröffnet 1903 eine Kanzlei in Johannesburg und startet die Zeitung *Indian Opinion*. Nach der Lektüre von Ruskins «Unto this Last» gründet er im Dezember 1904 die Phönix-Farm nahe Durban.

1906 Während des Zulu-Aufstandes wirkt Gandhi abermals als freiwilliger Sanitäter. Nach der Rückkehr von der Front legt er Mitte des Jahres ein Keuschheitsgelübde ab. Mit einer Massenversammlung in Johannesburg am 11. September beginnt die Kampagne gegen die Zwangsregistrierung von Asiaten.

1908 Im Januar wird Gandhi zu seiner ersten kurzen Haft verurteilt. Im August wird die Satyagraha-Kampagne mit einer Verbrennung von Registrierungsausweisen fortgesetzt. Zwei mehrmonatige Haftstrafen folgen.

1909 Von Juni bis November reist Gandhi nach London. Auf dem Rückweg verfasst er das Manifest *Hind Swaraj* (*Indian Home Rule*).

1910 Im Mai Gründung der Tolstoi-Farm nahe Johannesburg.

1913 Am 28. Oktober beginnt der große Satyagraha-Marsch von Newcastle über die Grenze nach Transvaal. Gandhi und andere Führer werden im November festgenommen.

1914 Die Einigung mit General Smuts im Januar bringt einen Teilsieg für die Inder.

1915 Nach einer kurzen Londonreise während des Ausbruchs des Ersten Weltkriegs kehrt Gandhi im Januar nach Indien zurück. Bei Ahmedabad gründet er im Mai den Satyagraha-Ashram, später Sabarmati-Ashram genannt.

1917 Von April bis Oktober Satyagraha-Kampagne mit den Indigo-Bauern von Champaran (Bihar). Im Frühjahr 1918 folgen der Einsatz im Textilarbeiterstreik in Ahmedabad und die Grundsteuerverweigerung im Bezirk Kheda (Gujarat).

1919 Der Protest gegen die Rowlatt-Gesetze im April wird zu Gandhis erster landesweiter Aktion in Indien. Am 13. April richten Regierungssoldaten auf dem Jallianwala Bagh von Amritsar ein Massaker an. Ab Herbst gibt Gandhi die Wochenzeitungen *Navajivan* und *Young India* heraus.

1920 Im August beginnt die Nichtzusammenarbeitskampagne gemeinsam mit der muslimischen Khilafat-Bewegung. Gandhi gewinnt den Nationalkongress für sein Programm. Er legt ein Gelübde ab, täglich zu spinnen und nur noch handgesponnene Kleidung (Khadi) zu tragen.

1922 Nach der Ermordung von 21 Polizisten in Chauri Chaura stoppt Gandhi im Februar die Kampagne des bürgerlichen Ungehorsams. Er wird im März festgenommen und zu sechs Jahren Haft verurteilt.

1924 Im Februar vorzeitige Haftentlassung. Gandhi wird Präsident des Nationalkongresses für das Jahr 1925. Er gründet im September die «All India Spinners' Association» und beschließt (1926), ein Jahr in seinem Ashram zu bleiben.

1927 Der erste Teil von *The Story of my Experiments with Truth* erscheint in Buchform, Teil zwei folgt 1929. Wie das 1928 veröffentlichte Werk *Satyagraha in South Africa* ist die Autobiographie ursprünglich auf Gujarati verfasst und in Gandhis Zeitschriften publiziert worden.

1930 Gandhi ist an die Spitze des Nationalkongresses zurückgekehrt, dessen Ziel nun die völlige Unabhängigkeit Indiens ist. Am 12. März bricht er zu seinem Salzmarsch von Ahmedabad nach Dandi auf. Nach Gandhis Verhaftung am 5. Mai wird der bürgerliche Ungehorsam unvermindert fortgesetzt.

1931 Vizekönig Lord Irwin entlässt Gandhi aus der Haft und schließt mit ihm am 4. März einen Pakt, der Gandhi zur Teilnahme an der zweiten Round Table Conference in London (September bis Dezember) verpflichtet.

1932 Gandhi, seit Januar wieder in Haft, fastet ab 20. September, um separate Wählerschaften für Unberührbare zu verhindern. Anfang 1933 gründet er die Zeitschrift *Harijan*. Nach seiner Haftentlassung beginnt er im November eine große Harijan-Tour.

1934 Im Oktober legt Gandhi seine Mitgliedschaft im Nationalkongress nieder. Er gründet die «All-India Village Industries Association» und macht im April 1936 das nahe Wardha in Zentralindien gelegene Dorf Segaon (später umbenannt in Sevagram) zu seiner neuen Heimstätte.

1940 Nach Ausbruch des Zweiten Weltkriegs wird der Nationalkongress von Gandhi im Oktober in eine Kampagne des «individuellen Satyagraha» geführt.

1942 Der Kongress verabschiedet am 8. August die «Quit-India»-Resolution. Gandhi wird umgehend verhaftet. Während der gemeinsamen Haft stirbt am 22. Februar 1944 seine Frau.

1944 Nach seiner Entlassung im Mai führt Gandhi im September erfolglose Gespräche mit dem Muslimführer Jinnah.

1945 Auf der Simla-Konferenz scheitert im Juli die Bildung einer Interimsregierung.

1946 Gandhi reist ab November durch Bengalen und Bihar, wo die Gewalt zwischen Hindus und Muslimen seit dem Direct Action

Day der Muslim-Liga am 16. August eskaliert.

1947 Am 14. und 15. August entstehen die unabhängigen Staaten Pakistan und Indien. Im September kann Gandhi die Gewalt in Kalkutta durch ein Fasten vorübergehend stoppen.

1948 Am 13. Januar beginnt Gandhi ein fünftägiges Fasten für den religiösen Frieden in Delhi. Am 30. Januar wird er im Alter von 78 Jahren während einer Gebetsversammlung von dem Hindu-Fanatiker Nathuram Godse erschossen.

ZEUGNISSE

Rabindranath Tagore
Obwohl Gandhi ein unbelehrbarer Idealist ist und alles auf gewisse, von ihm heißgeliebte Formeln zurückführt, ist er im Wesentlichen ein Menschenfreund und nicht ein Freund solcher Ideen. Das macht ihn so bedacht und konservativ in seinem revolutionären Tun. Bevor er ein gesellschaftliches Experiment vorschlägt, unterzieht er sich ihm stets selbst. Bevor er ein Opfer fordert, zahlt er seinen Preis. […] Vielleicht wird er scheitern. Vielleicht wird es ihm wie Buddha und Christus nicht gelingen, den Menschen ihre Missetaten abzugewöhnen, doch er wird ewig in Erinnerung bleiben als einer, der sein Leben zu einer Lektion für alle Zeiten gemacht hat.
Gandhi the Man, 1938

Jawaharlal Nehru
Es war klar, dass dieser kleine Mann von geringer Körperkraft etwas von Stahl in sich hatte, etwas Felsartiges, das physischen Gewalten nicht wich, mochten sie noch so groß sein. Trotz seiner wenig eindrucksvollen Züge, seinem Lendentuch und dem nackten Körper war etwas Königliches und Fürstliches in ihm, das andere zu willigem Gehorsam zwang. Mit Bewusstsein und Vorsatz sanft und bescheiden, war er doch voll Macht und Autorität, und er wusste das, und zuzeiten war er gebieterisch genug, Befehle zu erteilen, denen man zu gehorchen hatte. Seine ruhigen, tiefen Augen hielten einen fest und erprobten einen sanft in der Tiefe. Seine Stimme, hell und klar, drang einem ins Herz und erweckte emotionale Antwort. […] Die Sprache war immer einfach, auf die Sache gerichtet, und selten hörte man ein überflüssiges Wort. Es war die äußerste Aufrichtigkeit des Mannes und seiner Persönlichkeit, die ergriff. Er machte den Eindruck gewaltiger innerer Kraftreserven. […] Tapfere und wirksame Aktion mit einem ethischen Heiligenschein, das übte eine unwiderstehliche Anziehung sowohl auf den Intellekt als auch auf die Emotion aus. Schritt für Schritt überzeugte er uns von der Richtigkeit der Aktion, und wir gingen mit ihm, obwohl wir seine Philosophie nicht übernahmen. Das Handeln von dem ihm zugrunde liegenden Denken zu trennen war vielleicht nicht ganz korrekt und sollte später zu geistigem Konflikt und Schwierigkeiten führen. Wir hatten die unbestimmte Hoffnung, dass Gandhiji, der grundsätzlich ein Mensch der Tat war und sehr empfindsam auf veränderte Umstände reagierte, sich entlang der Linie fortbewegen würde, die uns die richtige zu sein schien. […] Wir hatten stets das Gefühl, dass wir selbst vielleicht logischer waren, aber dass Gandhiji Indien so viel besser kannte als wir; und ein Mann, der solch gewaltige Ergebenheit und Treue gebieten konnte, musste etwas in sich haben, das den Nöten und Sehnsüchten der Massen entsprach.
An Autobiography, 1936

Albert Einstein
Er hat vorgeführt, dass sich die Gefolgschaft der Menschen nicht nur durch das gerissene Spiel von politischer Täuschung und Trickserei, sondern durch das lebendige Beispiel einer moralisch herausragenden Lebensführung erreichen lässt. Die weltweite Verehrung für Gandhi basiert auf der – meist unbewussten – Erkenntnis, dass er in unserem Zeitalter des moralischen Verfalls der einzige Staatsmann war, der jenes höhere Konzept menschlicher Beziehungen in der Politik verkörperte, nach dem wir mit all unserer Kraft

streben sollten. Wir müssen die schwierige Lektion lernen, dass die Zukunft der Menschheit nur dann annehmbar sein wird, wenn unser Tun, in Weltangelegenheiten ebenso wie in anderen, auf Recht und Gesetz fußt statt auf der Drohung nackter Gewalt, wie es bislang geschah.
In einem Nachruf auf Gandhi 1948. Nach O. Nathan / H. Norden (Hg.): Einstein on Peace, 1960

Martin Luther King
Bevor ich Gandhi gelesen hatte, glaubte ich, dass die Sittenlehre Jesu nur für das persönliche Verhältnis zwischen einzelnen Menschen gelte. […] Doch nachdem ich Gandhi gelesen hatte, sah ich, wie sehr ich mich geirrt hatte. Gandhi war wahrscheinlich der erste Mensch in der Geschichte, der Jesu Ethik der Liebe über das bloße Wechselspiel zwischen Individuen zu einer mächtigen und wirksamen sozialen Kraft in großem Maßstab erhob. Für Gandhi war Liebe ein mächtiges Instrument für eine soziale und kollektive Umgestaltung. In Gandhis Lehre der Liebe und Gewaltlosigkeit entdeckte ich die Methode der Sozialreform, nach der ich seit so vielen Monaten gesucht hatte.
Stride towards Freedom. The Montgomery Story, 1958

Salman Rushdie
Richard Attenboroughs vielfach Oscar-gekrönter Film «Gandhi» war für mich ein Beispiel dieser Art von geschichtsloser westlicher Heiligenschöpfung. Da gab es Gandhi-als-Guru, der ein modernes Produkt lieferte, die Weisheit des Ostens; und Gandhi-als-Christus, der starb (und vorher oftmals in Hungerstreik trat), damit andere leben konnten. […]
Das Gewicht dieses symbolischen Gandhi wiegt so schwer, daß der Film, trotz aller Vereinfachungen und Hollywoodisierungen, einen starken, positiven Einfluß auf viele Freiheitsbewegungen ausübte. […]
Das Dumme an dem idealisierten Gandhi ist nur, daß er so verdammt langweilt und nicht viel mehr ergibt als ein Sprachrohr für Moralpredigten und Haussprüche mit einem gelegentlichen geistreichen Einfall […]. Der wirkliche Mensch erwies sich als weitaus interessanter, war eine der vielschichtigsten und widersprüchlichsten Persönlichkeiten des Jahrhunderts. […]
Die härteste aller Wahrheiten ist, daß Gandhi in dem Land, dessen «kleiner Vater» – bapu – er war, immer unwichtiger wird. [… Seine] Botschaft wird heute eher außerhalb Indiens beherzigt. Albert Einstein zählte zu den vielen Bewunderern von Gandhis Leistungen; Martin Luther King, der Dalai Lama und alle Friedensbewegungen der Welt sind seinem Vorbild gefolgt. Gandhi, der das kosmopolitische Dasein aufgab, um ein Land zu gewinnen, ist in seinem seltsamen Leben nach dem Tod wieder zum Weltbürger geworden.
In: DIE ZEIT, 29. 4. 1998

Shashi Tharoor
Unter den Staatsmännern des 20. Jahrhunderts war er mit seiner Entschlossenheit, die eigenen Glaubensüberzeugungen nicht nur zu leben, sondern jede Trennung zwischen Glauben und Handeln aufzuheben, einmalig; in seinem Leben ging die Religion in Politik über; sein öffentliches Leben verband sich nahtlos mit seiner privaten Lebensführung. Mahatma Gandhi gehörte zu der Art von Menschen, bei denen es bequemer ist, sie zu vergessen. Die Prinzipien, für die er eintrat, und die Art, wie er sie durchsetzte, sind einfacher zu bewundern als zu befolgen. […]
Diese Vorgehensweise [d. h. Satyagraha] brachte Gandhi in unsere Unabhängigkeitsbewegung ein –

und sie funktionierte. […] Indiens Unabhängigkeit kennzeichnete zwar die Morgenröte der Entkolonialisierung, doch viele andere Nationen gelangten erst nach blutigen und gewaltsamen Kämpfen zur Freiheit. […] Für sie bot Gewaltlosigkeit keine Lösung. Gewaltlosigkeit konnte nur gegen solche Widersacher wirksam sein, die für einen moralischen Autoritätsverlust empfindlich waren – Regierungen, die auf die einheimische und die internationale Meinung ansprachen und fähig waren, die Schande zu ertragen, eine Niederlage zuzugeben. Gewaltlosigkeit konnte nichts ausrichten in Hitlers Deutschland, in dem Millionen ohne Protest in den Gaskammern verschwanden. […] Die traurige Wahrheit ist, dass die Beharrungskraft der organisierten Gewalt fast immer stärker ist als die der Gewaltlosigkeit. Und wenn «Recht» und «Unrecht» weniger deutlich ausgeprägt sind, gerät der Gandhismus in eine Sackgasse. […] Gandhi glaubte daran, «einen Gegner durch Geduld, Mitgefühl und Selbstentbehrung vom Irrtum abzubringen» – wenn aber der Gegner gleichermaßen an die Gerechtigkeit seiner Sache glaubt, wird er wohl kaum akzeptieren, dass er sich im «Irrtum» befindet.
Indien, Zwischen Mythos und Moderne, 2000

Bibliographie

Bibliographien

Carter, April: Mahatma Gandhi. A Selected Bibliography. Westport 1995

Pandiri, Ananda M.: A Comprehensive, Annotated Bibliography on Mahatma Gandhi. Bd. 1. Westport 1995

Werke

Collected Works of Mahatma Gandhi (CWMG), publ. by the Government of India. 90 Bde. New Delhi 1958–1984

Eine Autobiographie oder Die Geschichte meiner Experimente mit der Wahrheit. Gladenbach 2001 (englisch zuerst 1927–1929 in Buchform erschienen. Auch enthalten in CWMG, Bd. 39)

Satyagraha in South Africa. Translated from the Gujarati by V. G. Desai. Ahmedabad 1961 (Nachdruck der 2. überarb. Ausgabe, zuerst 1928. Auch enthalten in CWMG, Bd. 29)

Sammelausgaben (Auswahl)

Dalton, Dennis (Hg.): Mahatma Gandhi. Selected Political Writings. Indianapolis 1996

Iyer, Raghavan (Hg.): The Moral and Political Writings of Mahatma Gandhi. 3 Bde. Oxford 1986–87

Jack, Homer A. (Hg.): The Gandhi Reader. Bloomington 1956

Klostermeier, Klaus (Hg.): Mahatma Gandhi. Freiheit ohne Gewalt. Köln 1968

Mukherjee, Rudrangshu (Hg.): The Penguin Gandhi Reader. New Delhi 1993

Parel, Anthony J. (Hg.): Gandhi. Hind Swaraj and Other Writings. Cambridge 1997

Rolland, Romain und Madeleine (Hg.): Mahatma Gandhi. Jung Indien. Aufsätze aus den Jahren 1919 bis 1922. Erlenbach–Zürich 1924

Lebenszeugnisse, Biographien, Untersuchungen (Auswahl)

Amin, Shahid: Gandhi as Mahatma. Gorakhpur District, Estern UP, 1921–2. In: Ranajit Guha (Hg.): Selected Subaltern Studies, Bd. 3 (1984), S. 1–61

Arnold, David: Gandhi. Harlow 2001

Basham, A. L.: Traditional Influences on the Thought of Mahatma Gandhi. In: R. Kumar (Hg.): Essays on Gandhian Politics. The Rowlatt Satyagrha of 1919. Oxford 1971, S. 17–42

Birla, G. D.: In the Shadow of the Mahatma. Bombay 1953

Blume, Michael: Satyagraha. Wahrheit und Gewaltfreiheit, Yoga und Widerstand bei M. K. Gandhi. Gladenbach 1987

Bondurant, Joan V.: Conquest of Violence. The Gandhian Philosophy of Conflict. 2. Aufl. Princeton 1988

Bose, Nirmal Kumar: My Days with Gandhi. Bombay 1974 (zuerst Calcutta 1953)

Brown, Judith M.: Gandhi. Prisoner of Hope. New Haven 1989

–: Gandhi's Rise to Power. Indian Politics, 1915–1922. Cambridge 1972

–: Gandhi and Civil Disobedience. The Mahatma in Indian Politics, 1928–1934. Cambridge 1977

Chatterjee, Margaret: Gandhi's Religious Thought. London 1983

Collins, Larry / Lapierre, Dominique: Um Mitternacht die Freiheit. München 1975

Conrad, Dieter: Gandhi und der Begriff des Politischen. Paderborn 2006

Dalton, Dennis: Mahatma Gandhi. Nonviolent Power in Action. New York 1993

Erikson, Erik H.: Gandhis Wahrheit. Über die Ursprünge der militanten Gewaltlosigkeit. Frankfurt a. M. 1971 (zuerst englisch 1969)

Fischer, Herbert: Mahatma Gandhi. [Ost-]Berlin 1981

–: Unterwegs zu Gandhi. Berlin 2003

Fischer, Louis: Das Leben des Mahatma. Frankfurt a. M. 1959 (zuerst englisch 1950)

–: Gandhi. Prophet der Gewaltlosigkeit. München 1983 (zuerst englisch 1954)

Hardiman, David: Gandhi in his time and ours. The global legacy of his ideas. London 2003

Iyer, Raghavan: The Moral and Political Thought of Mahatma Gandhi. New York 1973

Juergensmeyer, Mark: Saint Gandhi. In: John Stratton Hawley (Hg.): Saints and Virtues. Berkeley 1987, S. 187–203

Kumar, R. (Hg.): Essays on Gandhian Politics. The Rowlatt Satyagraha of 1919. Oxford 1971

Lewis, Martin Deming (Hg.): Gandhi, Maker of Modern India? Boston 1965

Lütt, Jürgen: Mahatma Gandhis Kritik an der modernen Zivilisation. In: Saeculum, Bd. 37 (1986), S. 96–112

Mehta, Ved: Mahatma Gandhi and his Apostles. New ed. Yale 1993

Mirabehn (Madeleine Slade): An der Seite des Mahatma. Im engsten Kreise Gandhis. Wien 1970 (zuerst englisch 1960)

Mühlmann, W. E.: Mahatma Gandhi. Der Mann, sein Werk und seine Wirkung. Eine Untersuchung zur Religionssoziologie und politischen Ethik. Tübingen 1950

Nanda, B. R.: Mahatma Gandhi. London 1958

–: Gandhi and His Critics. New Delhi 1985

Nehru, Jawaharlal: An Autobiography. New Delhi 1997 (zuerst englisch 1936)

Parekh, Bhikhu: Gandhi. Oxford 1997

Pyarelal: Mahatma Gandhi. The Early Phase. Ahmedabad 1965

–: Mahatma Gandhi. The Last Phase. Ahmedabad 1956–58

Rau, Heimo: Gandhi. Reinbek 1970

Ray, Sibnarayan: Tagore-Gandhi Controversy. In: Ders. (Hg.): Gandhi, India and the World. Philadelphia 1970

Rolland, Romain: Mahatma Gandhi. Erlenbach–Zürich 1923 (zuerst französisch 1923)

Rothermund, Dietmar: Mahatma Gandhi. Der Revolutionär der Gewaltlosigkeit. Eine politische Biographie. München 1989

–: Mahatma Gandhi. München 2003 (C. H. Beck Wissen)

–: Gandhi und Nehru. Kontrastierende Visionen Indiens. In: Geschichte und Gesellschaft, 31. Jg., Heft 3 (2005), S. 354–372

Rühe, Peter: Gandhi. A Photo Biography. London 2001

Tagore, Rabindranath: Mahatma Gandhi, compiled by Pulinbihari Sen. Calcutta 1963

Tendulkar, D. G.: Mahatma. Life of Mohandas Karamchand Gandhi. 8 Bde. Bombay 1951–54

Namenregister

Die kursiv gesetzten Zahlen bezeichnen die Abbildungen.

Abdulla, Dada 29–32, 37
Ali, Shaukat 89
Ambedkar, Bhimrao Ramji 10, 107 ff., *108*
Andrews, Charles Freer 57, 124
Arnold, Edwin 26 f.
Attenborough, Richard 7 f., 10, 150
Azad, (Maulana) Abul Kalam 122, 125, *115*

Bacon, Francis 49
Bajaj, Jamnalal 111, 124
Balasundaram 33
Besant, Annie 25, 63, 67, 70, 75
Bhatt, Shamal 27
Bhave, Vinoba 111, 122
Birla, Ganshyam Das 98, 135, 137
Blavatsky, Helena Petrowna 25
Bose, Subhas Chandra 97, 114
Brown, Judith M. 95
Buddha 12, 27, 149
Buller, Redvers Henry 37

Chamberlain, Joseph 36, 40 f.
Churchill, Winston 103, 122, 125 f.
Cripps, Stafford 122 f., 127

Dalai Lama 150
Das, Chittaranjan (auch C. R. Das) 87
Desai, Mahadev H. 66, 78, 106, 124, *123*
Dyer, Reginald Edward Harry 70, 72

Edward, Kronprinz von Großbritannien 80
Einstein, Albert 7, 149 f.

Fischer, Louis 37, 123

Gandhi, Abha (Großnichte) 136, *136*
Gandhi, Devdas (4. Sohn) 39 ff., 43 f., 106, 124, *45*
Gandhi, Harilal (1. Sohn) 20, 35 f., 39 ff., 43 f., 124, *45*
Gandhi, Indira 114, Anm. 84
Gandhi, Karamchand (Vater) 11, 14 f., 17, 19 f., *12*
Gandhi, Kasturba (Ehefrau) 14 f., 19 f., 29, 35 f., 38–41, 43 f., 62, 67, 108, 124 f., *45*
Gandhi, Maganlal (Neffe) 62
Gandhi, Manilal (2. Sohn) 29, 35 f., 39 ff., 43 f., 124, *45*
Gandhi, Manu (Großnichte) 128, 136 f., *136*
Gandhi, Putlibai (Mutter) 11 f., 17, 19 f., 22, 28, *13*
Gandhi, Ramdas (3. Sohn) 39 ff., 43 f., 124, *45*
George V., König von Großbritannien und Irland 103 f.
Godse, Nathuram 89, 137 f.
Gokhale, Gopal Krishna 40, 51, 54, 57, 59 f.

Hemchandra, Narayan 24
Hitler, Adolf 119 f., 151
Holmes, John Haynes 8

Irwin, Edward Frederick Lindley Wood, Earl of Halifax, Lord 98 ff., 103 f.

Jesus 8, 27, 37 f., 149 f.
Jinnah, Mohammed Ali 59, 70, 73 f., 98, 114–117, 121, 125, 127 ff., *74, 129*
Jinnah, Ruttenbai 73

Kallenbach, Hermann 53, 57
Keightly, Archibald 25 ff.
Keightly, Bertram 25 ff.
Kelly, Petra 9
King, Martin Luther 9, 139, 150

Linlithgow, Victor Alexander John Hope, Lord 118 f., 122 ff.
Lytton, Edward Robert Bulwer-Lytton, Lord 19

MacDonald, James Ramsay 107, 109
Mahavira 12
Malaviya, Madan Mohan 88 f., 93
Mehta, Pherozeshah 28, 35, 51, 59
Mehta, Pranjivan 22

Mehtab, Sheikh 15f., *16*
Mirabehn (Madeleine Slade) 91, 106, 134
Mohammed 84
Montagu, Edwin Samuel 67
Mountbatten of Burma, Louis, Lord 128–131, *129*

Naidu, Sarojini 100, 101
Nehru, Jawaharlal 10, 77f., 80, 92, 97f., 102ff., 110, 112–115, 117ff., 122f., 127–130, 135, 137, 149, *115*, *129*
Nehru, Motilal 77, 80, 87, 89, 97, 102ff.

Patel, Vallabhbhai 66, 96, 134f.
Plato 49
Polak, Henry S. L. 41f., 57, *34*
Prasad, Rajendra 64, 114
Pyarelal 106

Raychandbhai 38, 42
Reading, Rufus Daniel Isaacs, Lord 80, 82
Rolland, Romain 8
Roosevelt, Franklin Delano 7
Rowlatt, S. A. T. 67, 82

Rushdie, Salman 150
Ruskin, John 42

Salt, Henry Stephens 22
Sapru, Tej Bahadur 100
Schlesin, Sonia *34*
Schmidt, Helmut 9
Shaw, George Bernard 106
Shivaji 116
Simon, John 97
Smuts, Jan Christiaan 49, 54, 56ff.
Stent, Vere 37

Tata, Ratan 54
Tagore, Rabindranath 60, 78ff., 149, *79*
Tharoor, Sashi 150
Thoreau, Henry David 47
Tilak, Bal Gangadhar 51, 59, 67, 75, 83, 116
Tolstoi, Leo 38, 41f., 49, 52, 55

Viktoria, Königin 14, 17f., 37, *18*

Wavell, Archibald, Lord 125ff.
Willingdon, Freeman Freeman-Thomas, Lord 106, 109f.

ÜBER DIE AUTORIN

DANK

Susmita Arp, geboren am 12. März 1968. Studium der Indologie, Religionswissenschaft und Asiatischen Geschichte in Tübingen und Hamburg. 1998 Promotion über einen gesellschaftlichen Konflikt, der auch Gandhi betraf: die Vorbehalte hochkastiger Inder gegen Seereisen nach Europa (Kalapani, Franz Steiner Verlag, Stuttgart 2000). Von 1994 bis 2003 wissenschaftliche Mitarbeiterin am Indologischen Institut der Universität Hamburg und am Historischen Seminar der Universität Kiel. Seit 2003 freie Lektorin und Autorin in Hamburg.

Für ihren Rat bei der Entstehung dieses Buchs danke ich Prof. Dr. Hermann Kulke sowie Professor Dr. Dietmar Rothermund.

Quellennachweis der Abbildungen

© Vithalbhai Jhaveri/GandhiServe, www.gandhiserve.org: Umschlagvorderseite, 1+3, 12, 13, 15, 16, 25, 43, 55, 56/57, 65, 76, 79, 81, 93, 99, 101, 102, 103+141, 104, 112, 120, 123, 140, Umschlagrückseite oben
Associated Press: 6, 129, 132
Courtesy Columbia Pictures: 8
Getty Images, München: 18 (Hulton Archive)
ullstein bild, Berlin: 21, 34, 105 oben
Peter Palm, Berlin/© Rowohlt Verlag: 31, 68/69
akg-images, Berlin: 45 (Archiv Peter Rühe), 48 (Archiv Peter Rühe), 115 (Archiv Peter Rühe), 138
Popperfoto, London/Bilderberg, Hamburg: 61, 105 unten, 136
Aus: Hector Bolitho: Jinnah. Creator of Pakistan. London 1964: 74
Foto: Rowohlt Verlag: 84, Umschlagrückseite unten
www.ambedkar.org: 108
© Kanu Gandhi/GandhiServe, www.gandhiserve.org: 117
© Henri Cartier-Bresson/Magnum Photos/Agentur Focus, Hamburg: 133
British Cartoon Archive, University of Kent/© Solo Syndication/Associated Newspapers, London: 135
KPA/Zuma/Keystone, Hamburg: 137

Trotz sorgfältiger Recherchen konnten nicht alle Rechteinhaber ermittelt werden. Der Verlag ist bereit, berechtigte Ansprüche in üblicher Weise abzugelten.

rowohlts monographien

Politik und Geschichte

Anne Frank
Matthias Heyl
rororo 50524

Kemal Atatürk
Bernd Rill
rororo 50346

Friedrich II. der Große
Georg Holmsten
rororo 50159

Mahatma Gandhi
Heimo Rau
rororo 50172

Adolf Hitler
Harald Steffahn
rororo 50316

Katharina die Große
Reinhold Neumann-Hoditz
rororo 50392

Marco Polo
Otto Emersleben
rororo 50473

Napoleon
Volker Ullrich
rororo 50646

Willy Brandt
Carola Stern
Wie nur wenigen Politikern gelang es Willy Brandt, die Herzen der Menschen zu erobern. Unbestritten ist er einer der bedeutendsten Staatsmänner des 20. Jahrhunderts.

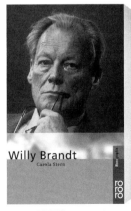

rororo 50576

rowohlts monographien

Religion und Theologie

Albert Schweitzer
Harald Steffahn
3-499-50263-1

Dietrich Bonhoeffer
Eberhard Bethge
3-499-50684-X

Buddha
Volker Zotz
3-499-50477-4

Franz von Assisi
Veit-Jakobus Dieterich
3-499-50542-8

Jesus
David Flusser
3-499-50632-7

Maria
Alan Posener
3-499-50621-1

Martin Luther
Hanns Lilje
3-499-50098-1

Meister Eckhart
Gerhard Wehr
3-499-50376-X

Die Reformatoren
Veit-Jakobus Dieterich
3-499-50615-7

Jeder Reformator steht für eine Phase der rasanten Entwicklung zur Neuzeit. Ihre Lehren waren Ausdruck einer Endzeit, ihr Wirken legte das Fundament einer neuen Epoche.

3-499-50615-7

Weitere Informationen in der Rowohlt Revue oder unter www.rororo.de